COMO SER UM ÍMÃ PARA O DINHEIRO

BRUNO GIMENES

COMO SER UM ÍMÃ PARA O DINHEIRO

Técnicas poderosas para atrair o sucesso financeiro

Luz da Serra
EDITORA

Capa:
Gabriela Guenther

Projeto gráfico e diagramação:
Luana Aquino

Revisão:
Rebeca Benício

Ícones de miolo:
Freepik.com.br

Dados Internacionais de Catalogação na Publicação (CIP)

G491c   Gimenes, Bruno.
Como ser um ímã para o dinheiro : técnicas poderosas para atrair o sucesso financeiro / Bruno Gimenes. – Nova Petrópolis : Luz da Serra, 2020.
200 p. ; 23 cm.

ISBN 978-85-64463-92-9

1. Autoajuda. 2. Desenvolvimento pessoal. 3. Autoconhecimento. 4. Prosperidade. 5. Sucesso. 6. Riqueza. 7. Felicidade. 8. Vida – Conduta. I. Título.

CDU 159.947

Índice para catálogo sistemático:
1. Autoajuda   159.947

(Bibliotecária responsável: Sabrina Leal Araujo – CRB 8/10213)

Todos os direitos reservados. Nenhuma parte desta obra pode ser reproduzida ou transmitida por qualquer forma e/ou quaisquer meios (eletrônico ou mecânico, incluindo fotocópia e gravação) ou arquivada em qualquer sistema ou banco de dados sem permissão escrita da Editora.

Luz da Serra Editora Ltda.
Avenida Quinze de Novembro, 785 – Bairro Centro
Nova Petrópolis/RS – CEP 95150-000
livros@luzdaserra.com.br
www.luzdaserra.com.br
www.loja.luzdaserraeditora.com.br
Fones: (54) 3281-4399 / (54) 99113-7657

Agradeço a Deus, ao Universo e ao Grande Espírito Criador por me mostrar caminhos, aproximar pessoas e gerar possibilidades para que este trabalho fosse realizado, e em especial por me fazer canal desta informação!

Sou profundamente grato a todos que contribuíram para que esta obra estivesse pronta. O nome do autor é o que aparece na capa de um livro e quase sempre leva os louros, porém, existe uma legião de parceiros e apoiadores que criam a estrutura para uma publicação como esta acontecer.

Sem vocês, nada disso seria possível!

A TODOS VOCÊS, SOU MUITO GRATO.

SUMÁRIO

Introdução
Você já percebeu como
algumas pessoas
têm sorte para o dinheiro? 8

Capítulo 1
A minha árdua jornada
rumo à prosperidade 21

Capítulo 2
O que torna a prosperidade
tão difícil para a maioria das pessoas? 35

Capítulo 3
Como fugir das armadilhas 41

Capítulo 4
Plano para você se tornar
um ímã do dinheiro 63

Capítulo 5

A sintonia da prosperidade 99

Capítulo 6:

Rituais Magnéticos 111

Capítulo 7

Prepare-se para
os resultados imediatos 177

Capítulo 8

Desafio: Faça dinheiro e presentes
caírem do céu para você
nos próximos dias 185

Conclusão:

Aplique esses segredos e mude sua vida já 191

Sobre o autor 198

FH42366327 A
100
OF AMERICA
FH42366
H8

INTRODUÇÃO

Você já percebeu como algumas pessoas têm sorte para o dinheiro?

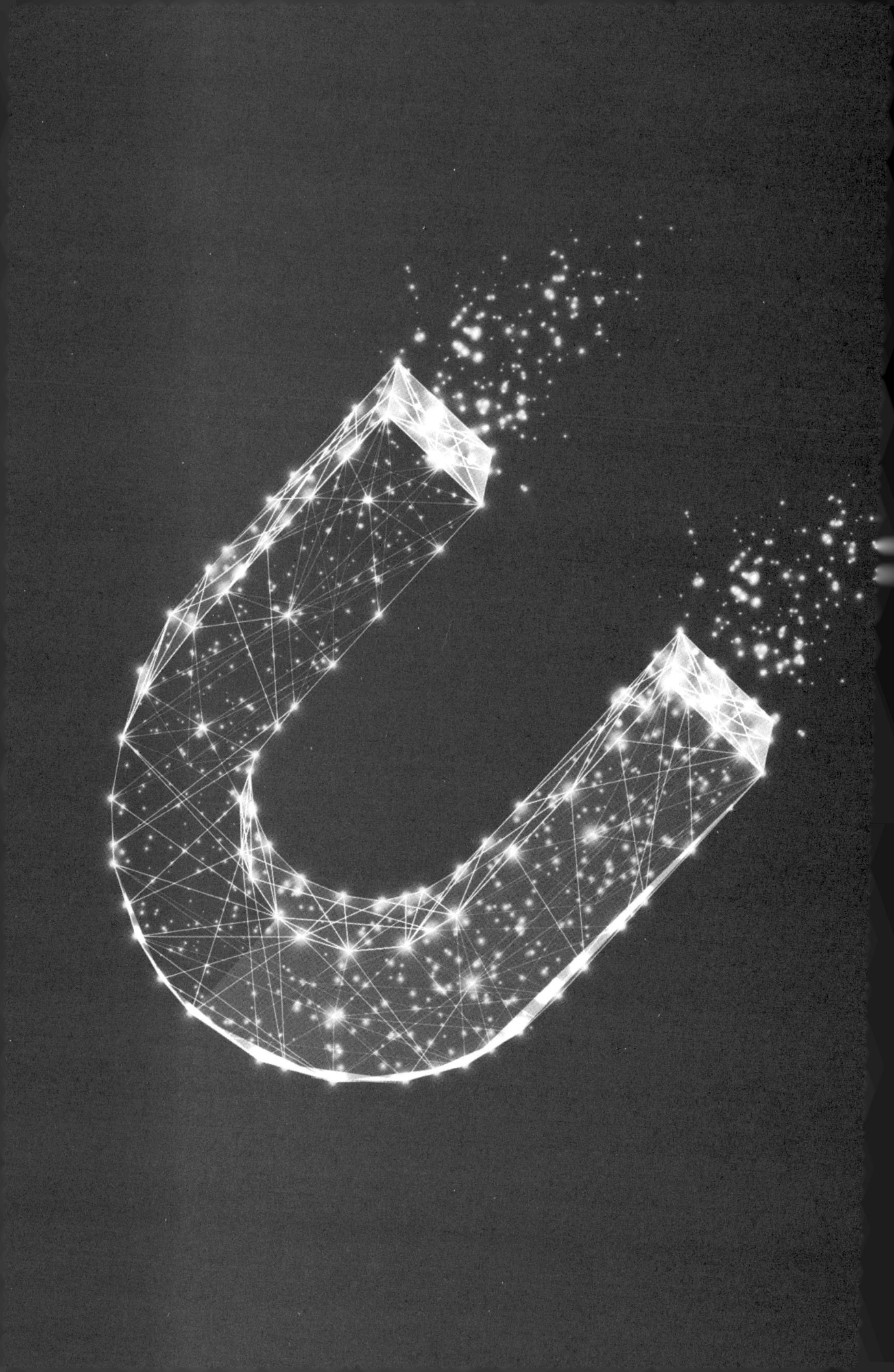

Quando se trata de prosperidade, parece que algumas pessoas nasceram com o bumbum virado para a lua[1]. São sempre elas que ganham sorteios, rifas, prêmios e atraem as melhores oportunidades.

Por exemplo: alguém está vendendo um carro pouco rodado, novinho, por um valor muito abaixo

---

[1] Na verdade eu quis dizer bunda mesmo, mas o time de revisores, que são meus anjos da guarda, preferiu trocar para "bumbum".

do preço de tabela. Quem é que fica sabendo primeiro? Essa pessoa. **A oportunidade praticamente cai no colo dela.**

Nesses momentos, você pode até pensar: "Poxa, por que não foi para mim? Se tivessem me oferecido, olha que baita barganha!"

Isso alguma vez já aconteceu com você? **Dá até uma dorzinha de cotovelo, não é?**

Só que o fato é que essas oportunidades vão sempre para o sortudo. E não dá nem para a gente falar que é coincidência, porque acontece tantas vezes.

Sabe aquela história de que um raio não cai duas vezes no mesmo lugar? Pois é, para essas pessoas, cai, sim. Elas atraem as melhores oportunidades, porque têm um baita magnetismo para o dinheiro.

Não seria legal você ser essa pessoa que ATRAI dinheiro? Não seria ótimo se você pudesse ser um ÍMÃ de DINHEIRO e de SORTE?

Sim. Sem dúvida seria incrível se você fosse o tipo de pessoa para quem as coisas surgem e fluem com muito menos esforço – não digo sem esforço nenhum, mas com muito menos. Alguém que simplesmente tem sorte para o dinheiro. Seria legal se você fosse essa pessoa, não seria?

Eu sei que às vezes parece que você faz muito esforço para ter um resultado pequeno, quase irrisório. Agora, imagine como seria a sua vida se você tivesse dentro de si esse ímã de oportunidades, de descontos, de ganhos. Como seria se as coisas começassem a quase cair no seu colo, sem que você tivesse que se matar, sem que precisasse se doar tanto?

E agora eu afirmo: **as coisas podem, sim, ser diferentes.**

Imagine por alguns segundos notícias boas chegando até você, convites para jantares, festas, shows, peças de teatro com lugar na primeira fila, eventos incríveis com acesso *VIP*.

Imagine-se recebendo os mais variados presentes. Podem ser coisas de comer, como um bolo feito pela sua tia, um pão que seu primo fez para testar a receita, ou talvez seja o seu vizinho, que lhe leva frutas, sorvetes ou doces. Pode ser que esse mesmo vizinho procure você para dizer que está com um aparelho eletrônico em ótimo estado parado há algum tempo, e que não tem mais utilidade para ele, então ficou imaginando se você não queria. Pode também ser um móvel que ele até poderia vender, mas antes decide ver se você tem interesse. Ou mesmo roupas que não servem mais nele, mas estão em ótimo estado e seriam perfeitas para você. Imagine que as pessoas começam a lhe oferecer as coisas, lhe dão presentes, trazem para você lembranças de viagens.

Mais do que isso, imagine você recebendo convites para viajar, encontrando excelentes oportunidades, passagens com descontos incríveis. E quando você chega ao hotel, o recepcionista diz que há uma promoção e por isso você vai ganhar o *upgrade* gratuito para a suíte master. Imagine ganhar isso só porque você estava no lugar certo, na hora certa.

IMAGINE SER A PESSOA QUE ESTÁ NA SINCRONIA PERFEITA.

Como seria a sua vida se isso acontecesse? E se você fosse a pessoa que atrai as melhores barganhas?

Imagine-se sendo a primeira pessoa a ver a oportunidade de comprar um carro com um preço superespecial. Imagine que, se esse carro fosse pago à vista, teria um desconto de 4%, mas por algum motivo o vendedor consegue um desconto de 20% para você. Ou você entra numa loja em que, num dia normal, poderia conseguir até 30% de desconto, mas, naquele dia específico, há uma liquidação e você acaba comprando uma peça de roupa linda por 20% do valor cheio, ou seja, com 80% de desconto.

Imagine-se acessando o circuito das oportunidades, desenvolvendo um faro para as oportunidades mais incríveis do mercado. Pode ser a compra de um terreno por uma bagatela, ou um bom acordo para alugar a casa que sempre quis, ou encontrar um excelente ponto comercial, ou mesmo ser contratado para uma vaga de trabalho maravilhosa.

Agora visualize que o dinheiro simplesmente começa a aparecer na sua vida. Você acha dinheiro inesperado. Encontra dinheiro em uma caixa, num casaco. Abre uma gaveta e encontra um envelope esquecido lá, com um dinheiro que é seu.

Ou então alguém – pai, um tio, um amigo, marido, esposa – presenteia você com dinheiro. Você descobre que uma conta do governo em que fazia depósitos e que estava bloqueada, agora foi liberada. Ou então uma situação envolvendo um ganho é resolvida, como uma herança ou uma causa na justiça. Alguém paga uma dívida que você achava que era um caso perdido, ou te dá um prêmio por desempenho, ou você faz uma venda e tem direito a uma comissão.

Imagine-se também tendo ideias de como ganhar dinheiro extra: seja criando algo inovador ou apenas pensando em vender coisas de que não precisa mais, como roupas ou livros.

São inúmeras as formas e as fontes inesperadas de dinheiro que podem surgir na sua vida. E isso vai acontecer com você enquanto estiver lendo este livro e praticando os exercícios propostos aqui, porque você vai virar um ímã de dinheiro. O Universo vai te trazer presentes num ritmo muito acima da média.

Faz anos que eu venho desenvolvendo esse trabalho de consciência e prosperidade e, neste livro, vou abrir para você um baú de tesouros para mostrar como você pode ser um verdadeiro ímã de dinheiro.

Este é um conteúdo precioso.

Eu vou revelar para você o código para se ter sorte com o dinheiro. Sei que quando falo desse assunto, muitas pessoas questionam, acham que não faz sentido. Mas eu garanto que funciona e, se você testar, vai ver as coisas começarem a mudar.

Você vai começar e viver situações que farão parecer que o dinheiro está caindo do céu para você. E sempre que isso acontecer, grite, comemore. Aqui na Luz da Serra nós usamos o mantra **"Brilha prosperidade"**. Comemorar é muito importante, porque quando você comemora, reforça a vibração da conquista e atrai mais do mesmo.

Bem, depois de eu dizer tudo isso, talvez você esteja se perguntando por que eu compartilharia isso com você. É porque esse é o meu propósito inabalável. Em 2017, durante um evento, eu ergui o braço e declarei: "O meu propósito inabalável é ajudar o máximo de pessoas no mundo a ficarem ricas". Desde então eu venho trabalhando nisso, organizando e empilhando o maior conteúdo sobre prosperidade que existe na internet.

Eu aprendi o caminho e, se eu aprendi, posso ensiná-lo às outras pessoas.

Você só precisa estar aberto para aprender, praticar e ver as portas da prosperidade se abrirem.

Vamos juntos?

Brilha Prosperidade!

Um abraço,

Bruno Gimenes

FH4236632
H8
2366327 A
100

CAPÍTULO 1

A minha árdua jornada rumo à prosperidade

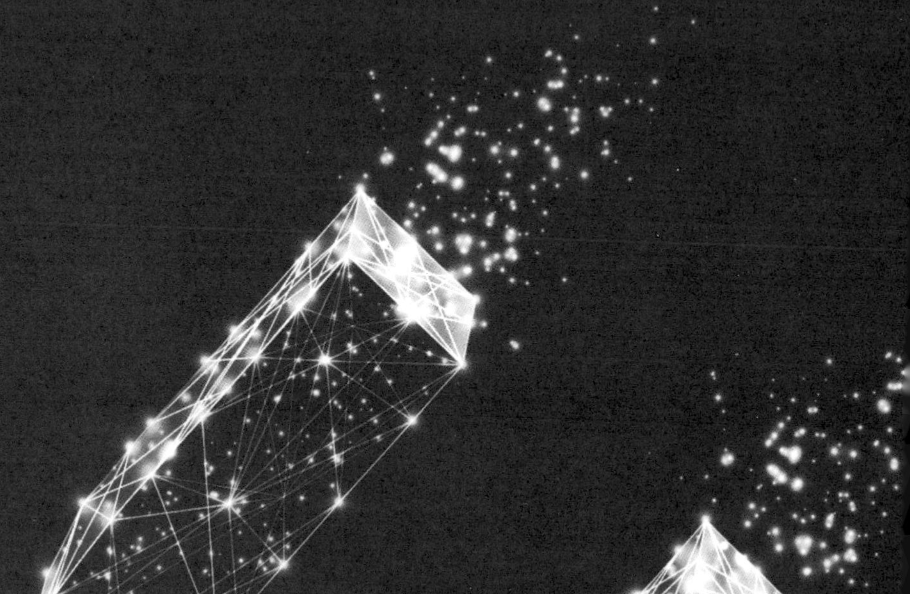

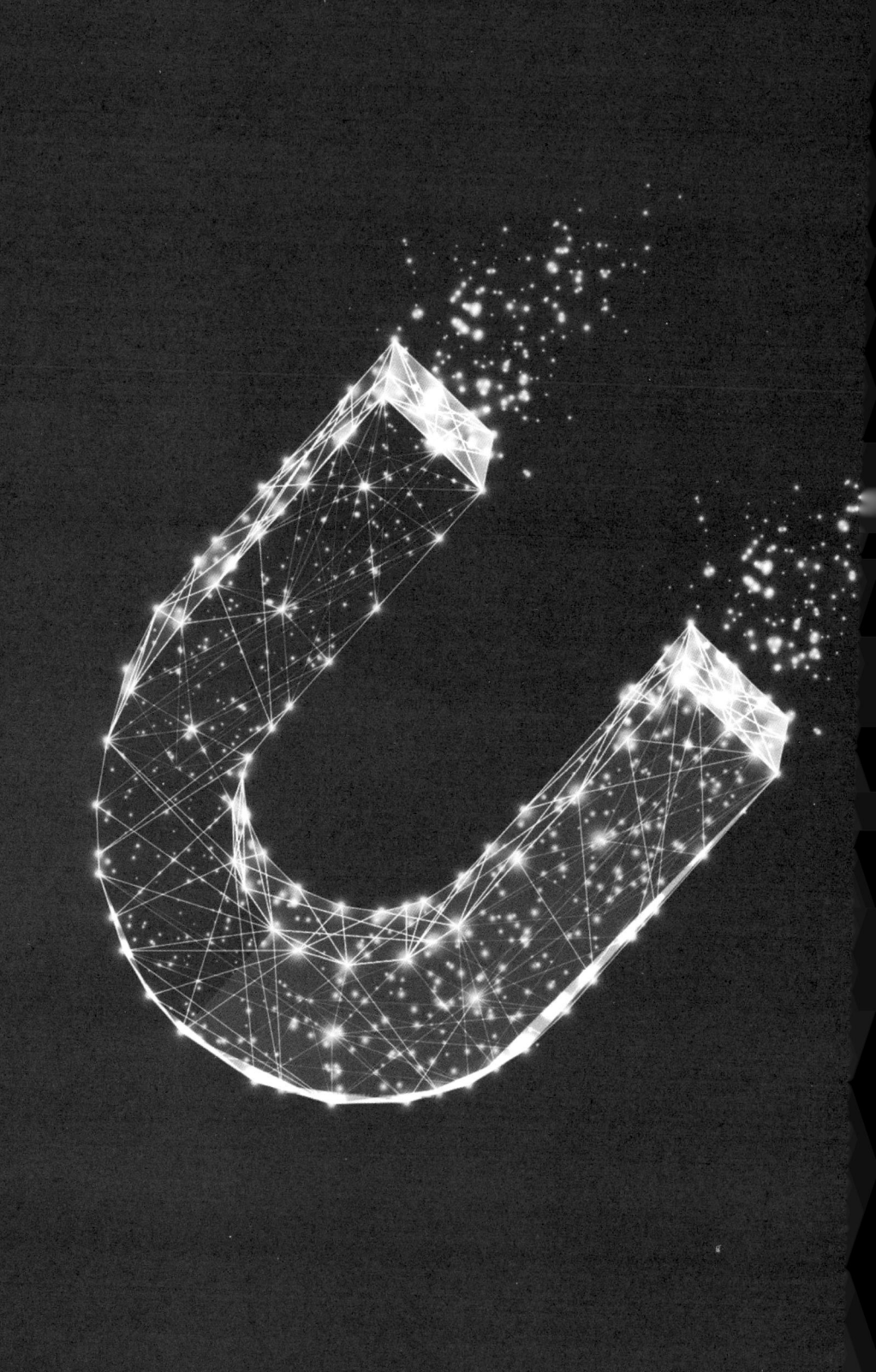

Hoje eu posso dizer com segurança que me tornei um ímã de prosperidade. Eu atraio o dinheiro. Eu e ele somos bons amigos. Estamos em sintonia perfeita.

Mas a verdade é que minha vida nem sempre foi assim.

Já passei por momentos muito difíceis com relação ao dinheiro, inclusive por humilhação.

Quando larguei minha carreira de 10 anos como químico para buscar o meu sonho de ser terapeuta, escritor e professor, precisei me tornar autônomo e passar eu mesmo a cobrar pelos serviços que prestava. Foi aí que comecei a me enrolar financeiramente.

Por um lado, estava tudo ótimo. Eu tinha um propósito, estava firme na minha missão de ajudar as pessoas e tinha muito orgulho do que fazia. Eu era reconhecido. Cheguei até a receber um prêmio de "honra ao mérito" na Câmara Municipal de Canela/RS por fazer bem à sociedade. Comecei a acreditar nisso. Eu dava minhas palestras e pessoas que queriam se matar desistiam dessa ideia; pessoas que estavam brigando em casa começavam a se harmonizar; pessoas que estavam surtando no trabalho ou em depressão começavam a se curar. Havia propósito no que eu fazia!

Uma vez, quando eu estava no começo do namoro com a Aline, minha esposa, nós estávamos andando no centro da cidade e uma menina me viu, chamou o namorado dela e disse: "Amor, vem aqui, esse é o Bruno, olha! Bruno, muito obrigada!"

Eu e a Aline ainda estávamos nos conhecendo, e ela ficou surpresa ao ver aquela cena, toda aquela família grata pelo impacto do meu trabalho na vida daquela pessoa. Foi um dos dias mais emocionantes de que me recordo, tanto pelo reconhecimento, quanto por ter causado uma boa impressão no início do namoro! (Parece que deu certo, estamos casados e felizes!)

Esta era a minha realidade: eu fazia o bem para as pessoas, fazia um ótimo trabalho... Então, é claro que a minha prosperidade estava boa, né?

Não!

NO MEIO DO CAMINHO, TINHA UM CAMINHÃO

Era isso. Eu tinha uma missão, um propósito, me dedicava e as pessoas falavam que meu trabalho era muito bom. Tudo parecia perfeito.

Até que um dia, numa das muitas viagens que eu fazia para dar cursos e palestras, sofri um acidente de carro. Bati de frente com um caminhão.

Até hoje eu tenho uma cicatriz na testa, uma parte mais afundada na cabeça. Todas as vezes que a vejo e toco nela, sinto uma profunda gratidão, porque aprendi muito com isso.

Bem, eu sofri o acidente, fui socorrido e me levaram para o hospital de Venâncio Aires/RS. Eu me lembro do caminho, porque o pessoal da ambulância não podia me deixar perder a consciência. Eu lembro que a dor era insuportável, não dava para respirar, tinha sangue por todo lado, eu tomando pontos na ambulância... Foi bem turbulento.

Fiquei de 36 a 48 horas naquele hospital. Graças a Deus deu tudo certo, eu fui socorrido, salvo e ia ter alta.

Mas aí chegou a hora de fazer o acerto de contas.

Era um pronto-socorro, me colocaram num quarto semi-privativo e eu não tinha plano de saúde porque não podia pagar por um. Essa era a minha realidade financeira: eu não tinha dinheiro suficiente nem para pagar um plano de saúde.

Quando chegou a conta do hospital, meus amigos que estavam cuidando de mim se entreolharam, sem saber o que fazer. Minha mãe estava lá também. Quando soube que o filho quase tinha morrido num acidente, ela foi correndo da cidade dela para lá. E foi a minha mãe que passou o cheque para quitar as contas do hospital. Acho que nunca vou me esquecer do valor. É claro que eu só tive clareza do que tinha acontecido mais tarde. Na hora, ainda meio sem consciência, eu nem soube quem tinha pagado a conta.

Só que, mesmo doente e machucado, eu sabia que tinha dado problema. Hoje eu conto essa história com mais tranquilidade, mas na época me senti humilhado, porque eu não pude entregar o meu cartão para a minha namorada e dizer para ela ir acertar a conta do meu tratamento ou dar um cheque assinado para um dos meus amigos cuidar de tudo.

Eu levei anos para devolver aos meus pais o dinheiro que eles gastaram com a conta do hospital.

Minha prosperidade estava péssima: eu não tinha dinheiro e tinha dívidas. E minha saúde também não estava bem. Depois que tive alta, eu ainda estava muito debilitado, e precisava que alguém cuidasse de mim, então fui passar 90 dias morando de favor na casa dos meus amigos Paulo Henrique e Patrícia.

Nos primeiros 25 dias eu tinha que dormir sentado, com o tronco erguido, porque havia fraturado o esterno, uma condição muito delicada.

Passados esses primeiros três meses, voltei para casa e a primeira coisa que fiz foi começar a organizar a minha vida. Então me dei conta de que o tempo e as coisas não haviam parado para esperar eu me recuperar. Tinha um monte de contas atrasadas para eu pagar, várias questões travadas que eu precisava resolver. Mas eu ainda não estava muito forte e bateu o desespero.

Fui tomado pela raiva, por um sentimento de falta de dignidade. Eu me sentia um ser humano deplorável. Comecei a me xingar e me questionar. Como eu podia ficar ajudando todo mundo, e não me ajudava? Eu tinha diálogos horríveis comigo mesmo. Era como se tivesse um demônio e um anjo dentro de mim: um atacava, o outro defendia. Talvez você já tenha tido essa experiência do demônio e do anjinho falando nos seus ouvidos.

Minha vida estava um caos. Eu não tinha dinheiro para pagar o aluguel e nem para fazer compras no mercado. Não aguentava mais ser tão azarado! O seguro, que deveria pagar o meu carro, não pagou (tive que ir à justiça e só recebi 10 anos depois). E, quando voltei ao trabalho, estava acreditando que os clientes que estavam me devendo iam enfim me pagar, que só não haviam pagado ainda porque eu estava ausente... Ledo engano. Eles não me pagaram.

Eles simplesmente sumiram.

Eu, que já estava com raiva de mim, comecei a sentir autopiedade, e isso é uma das piores coisas que o ser humano pode sentir.

Eu passei a questionar o que fazia. "Que Deus é esse a quem eu sirvo? Que espiritualidade é essa? Que Universo é esse ao qual eu sirvo? Eu devo estar trabalhando para alguém errado. Que Deus é esse, que eu não consegui pagar a conta do hospital? Que Deus é esse, que eu estou precisando ir ao mercado comprar detergente, sabonete, arroz, feijão, comida básica, e não tenho dinheiro?"

Hoje eu não tenho dó de mim (nem quero que você tenha), porque agora sei que fui eu mesmo que criei aquela situação.

Um dia fui fazer compras e só tinha R$ 10, que precisavam durar a semana inteira. Eu fiquei muito revoltado. Quando cheguei de volta em casa, me ajoelhei no chão, apoiado sobre as pernas, dei um soco no piso e gritei: "Não pode. Isso tem que mudar! Não é sensato um cara que é reconhecido pela Câmara Municipal como alguém que ajuda a sociedade, um cara que tem livro escrito, não ter a dignidade de poder ir ao mercado. Eu não estou falando de carro bonito, não estou falando de viagens. Estou falando do básico. Não pode!"

Eu sempre fui muito de rezar pelas pessoas. Então, canalizei a Conexão de Quatro Etapas, que é uma oração que faço diariamente desde que a conheci. Em 2019 eu coloquei os detalhes dela no livro "A Oração Mais Poderosa de Todos os Tempos" (*Para conhecer, acesse o QR Code ao lado com a câmera do seu celular*).

Foi exatamente isso o que eu fiz naquele momento, comecei a

rezar. Com o tempo isso foi me acalmando um pouco. E eu fiz uma afirmação naquela oração e pedi a Deus que me mostrasse os caminhos para desvendar o que eu estava fazendo de errado.

Se tem uma coisa que eu sempre fui é consciente dos meus erros. Eu nunca coloquei a culpa nos outros. Se estava passando por aquela dificuldade, eu sabia que a responsabilidade era minha.

E, a partir daquele momento, depois que fiz aquela oração fervorosa, alguns caminhos começaram a surgir, algumas pistas começaram a aparecer na minha frente, como se fosse uma brincadeira de caça ao tesouro.

Eu comecei a conhecer empresários, professores, pessoas que pareciam as respostas para a minha oração. Eu pensava: "Nossa! Acho que essa pessoa conversou com Deus, ou Deus ouviu a minha oração e falou para ela".

Essas pessoas me davam dicas e conselhos sobre como atrair o dinheiro, compartilhavam comigo trechos que tinham lido em algum livro, ou mesmo me presenteavam com livros antigos, da década de 1950, sobre prosperidade. Também compartilhavam comigo relatos incríveis sobre o que fizeram para sair de uma situação financeira parecida com a minha, sem nem sequer saberem que eu estava nessa situação.

Tudo começou a chegar para mim. Eu tive acesso a algumas palestras e professores... Era como se um quebra-cabeça estivesse se montando na minha frente, e eu comecei a decifrar os padrões do código da prosperidade.

Só que era um quebra-cabeça de 5 mil peças. Demora muito para montar a estrutura e começar a entender a imagem. Não foi rápido. Levei pelo menos três anos para começar a entender o padrão da prosperidade. Eu não tive sucesso logo no começo, mas consegui.

Talvez a minha maior dor tenha sido também a minha maior motivação. Eu precisei desestruturar a minha vida e passar por tudo o que passei para depois reestruturá-la e entender esse código do Universo que faz com que você possa se transformar em um *ímã do dinheiro*.

E não quero que você tenha um caminho árduo como eu tive. Eu quero que você ative essa tal sorte para o dinheiro e que as finanças sejam um ponto alto da sua vida. Por isso reuni e alinhei essas informações num método comprovadamente eficaz para você passar a ter sorte e atrair a prosperidade para a sua vida.

Foi muito tempo de dedicação e de muitas privações para eu chegar a esse resultado. E eu posso te garantir: não vai adiantar de nada eu te contar tudo o que descobri se você não estiver comprometido com a sua própria transformação.

Por isso eu recomendo fortemente que você só prossiga nesta leitura se estiver muito comprometido e disposto a fazer o que for preciso.

São dicas simples que serão o começo de uma vida mais leve. Eu sei que você pode ser um ímã do dinheiro e agora chegou a hora de começar a te mostrar como isso vai acontecer na sua vida.

CAPÍTULO 2

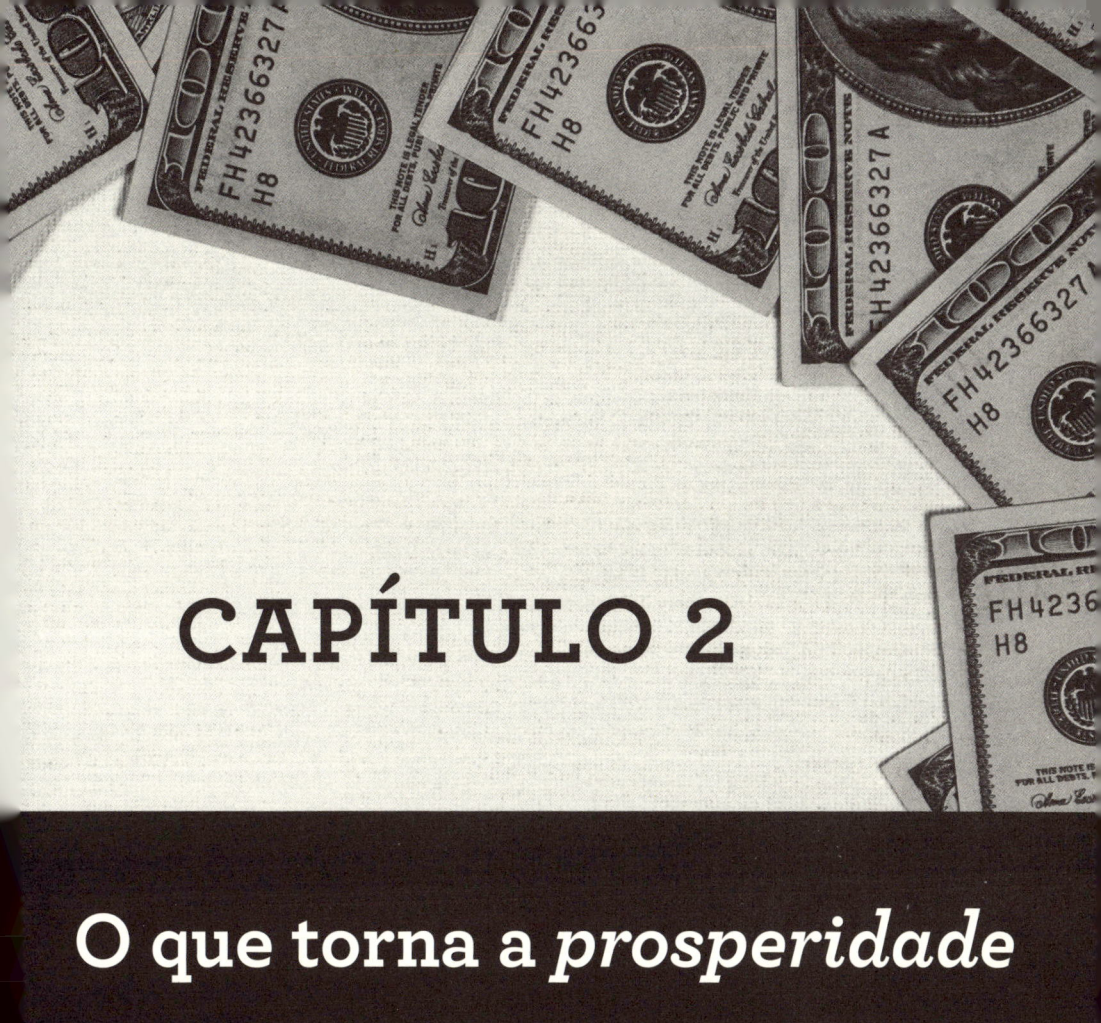

O que torna a *prosperidade* tão difícil para a maioria das pessoas?

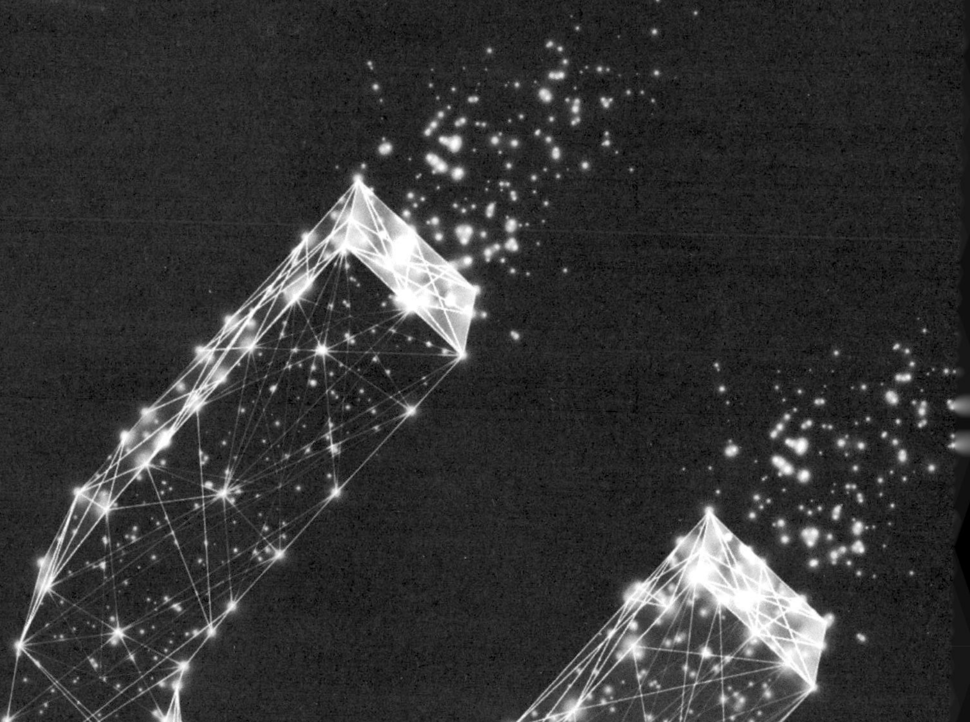

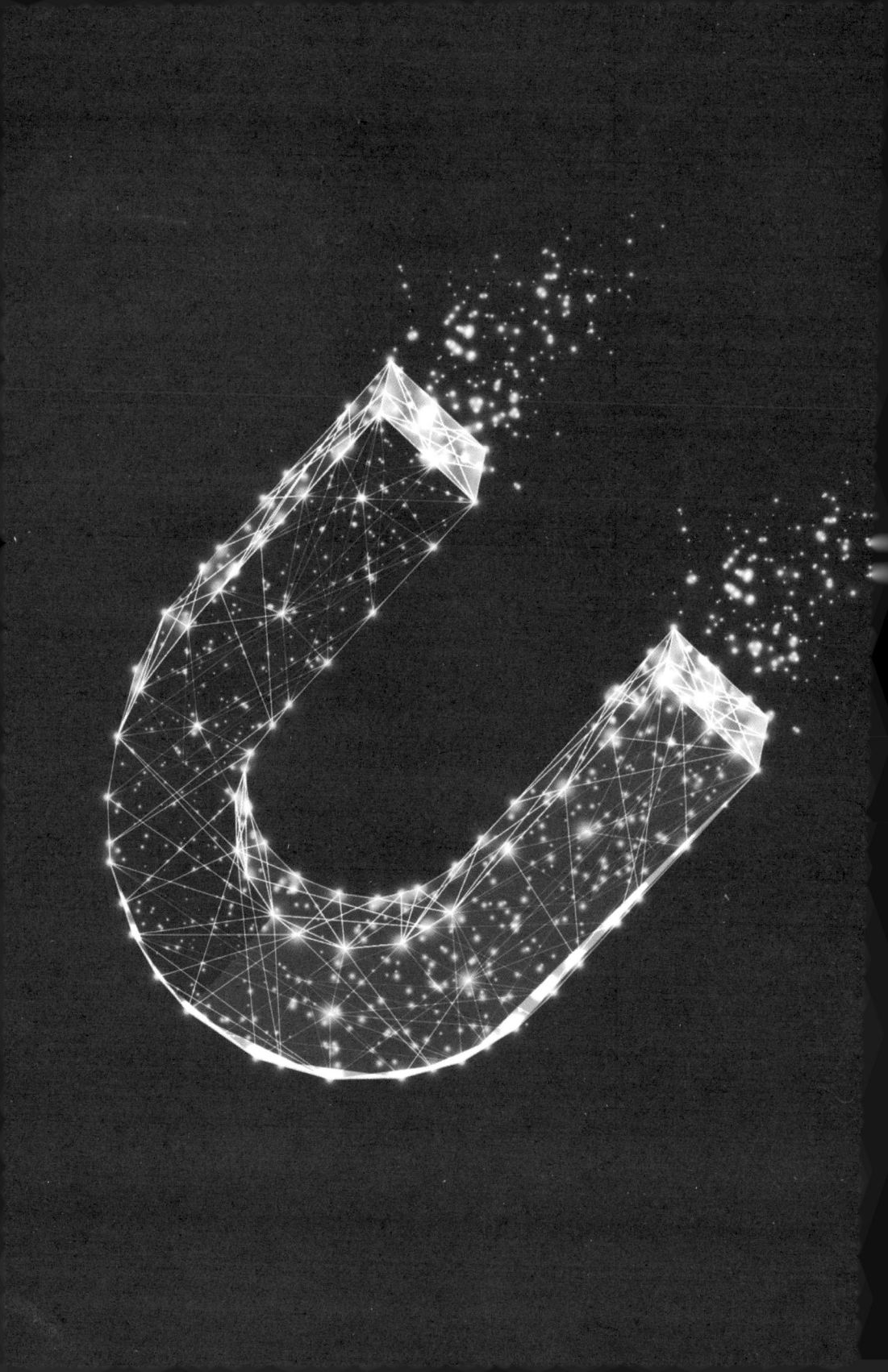

A essa altura da vida, eu tenho certeza de que você já percebeu que a maioria das pessoas do mundo é escassa, financeiramente pobre. A questão financeira é realmente um forte desafio. Agora, alguma vez você já se perguntou por quê?

É muito importante você se fazer esta pergunta: **por que a maioria das pessoas do mundo não é rica?**

Você provavelmente nunca ouviu a resposta, e ela é muito chata para aqueles que esperam milagres. Mas a verdade é que a maioria das pessoas não é rica porque, para elas, prosperar não é um propósito inabalável.

Por que as pessoas, mesmo passando dificuldade, necessidade, frio, não conseguem colocar na cabeça que o propósito inabalável de enriquecer é uma coisa boa? "Mas, Bruno, a pessoa está morrendo. Como você pode dizer que ela não tem um propósito inabalável?" Pois é! É exatamente por isso! A pessoa está passando fome e não consegue estabelecer na mente dela que ficar rico é um propósito inabalável.

E o motivo disso é muito simples: **todos nós estamos impregnados de crenças limitantes, crenças que nos fazem acreditar que isso não é bom, não é legal, não é possível.**

São tantas crenças!

> VOCÊ PROVAVELMENTE JÁ OUVIU (OU MESMO DISSE) COISAS COMO:
>
> "Os ricos não vão para o céu."
>
> "É melhor ser pobre e honesto do que ser rico e desonesto."
>
> "Esse não é o momento ideal para que eu comece o caminho da riqueza."
>
> "Quanto mais se tem, mais se quer ter."
>
> "Ser rico traz mais confusão."
>
> "Se eu tiver muito dinheiro, vou perder a minha essência."
>
> "Gente rica não é feliz."

São coisas que ouvimos a vida toda e começamos a acreditar. E sabe por quê? Porque existe uma conspiração, construída por um mix da manipulação que há dentro de algumas religiões, na política e na indústria farmacêutica – é o que chamo de RPR, a trinca Religião, Política, Remédio.

Essas três instituições nos manipulam para acreditarmos que, sozinhos, não podemos fazer nada. Na religião, sozinho você não consegue, você precisa de um "salvador". Na política, sozinho você não dá conta das injustiças sociais, você precisa de um "salvador". Na indústria farmacêutica, você não dá conta de se cuidar, você precisa de um remédio. Esse é o sistema que retroalimenta as crenças limitantes.

Então, em resumo:

1. As pessoas não conseguem ficar ricas porque, para elas, a prosperidade não é um propósito inabalável;

2. isso porque elas têm crenças limitantes, conscientes ou inconscientes;

3. e essas crenças foram implantadas em suas mentes por uma conspiração secreta, uma mistura de religião, política e remédios, que quer que elas sejam pobres;

4. e, por fim, as pessoas não sabem pedir, não sabem estabelecer metas.

CAPÍTULO 3

Como fugir das armadilhas

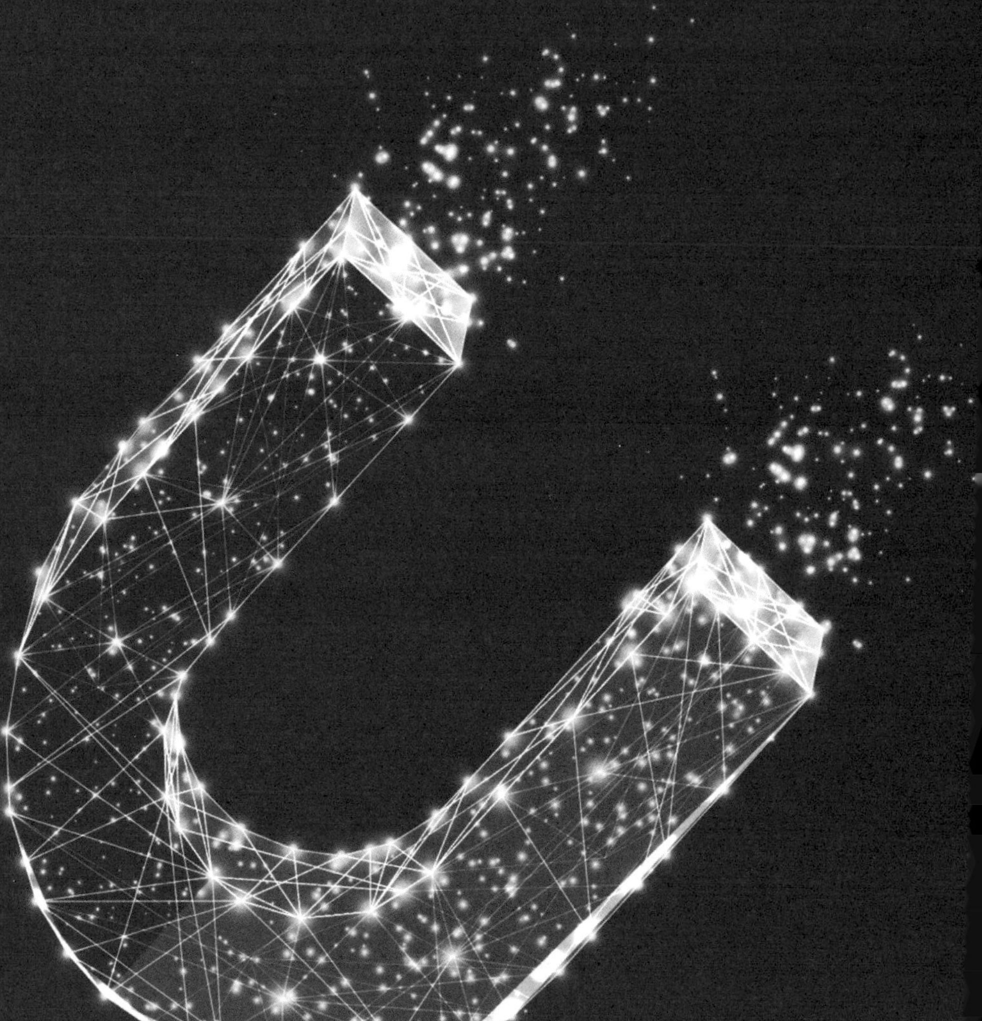

Quando falamos de prosperidade, não basta apenas fazermos o certo, também é preciso identificar com urgência o que estamos fazendo de errado e parar com esse comportamento nocivo.

Essa desconstrução de hábitos e vícios foi uma das coisas mais importantes que eu fiz na vida.

Não é por mal, claro, mas muitas vezes fazemos coisas prejudiciais porque achamos que são as coisas certas a se fazer.

Por exemplo, eu lembro de uma época em que fui a uma nutricionista e ela me orientou a tomar um iogurte de manhã e outro no lanche da tarde. Segui a recomendação. O resultado? Comecei a engordar, engordar, engordar...

Então fui a um outro nutricionista que fez um exame mais completo em mim e disse: "Você não pode tomar iogurte, porque tem intolerância".

Eu tomava iogurte porque achava que era bom (e é bom para muitas pessoas), mas não era bom para mim.

É muito provável que você faça coisas no seu dia a dia que acredita serem boas. É o que eu chamo de armadilhas. Vou falar de algumas delas a seguir.

ARMADILHA 1: JÁ SE NASCE COM SORTE

Muitas pessoas acreditam que sorte não se cria, que você nasce com ou sem ela. Isso é mentira.

Sorte é uma vibração. Assim como o dinheiro inesperado é uma vibração e a riqueza é uma vibração. E toda vibração é modulada.

Modular significa que você pode sintonizar essa vibração. Assim como você liga o seu rádio e sintoniza uma estação de acordo com o estilo musical que quer ouvir, você também pode sintonizar a estação da sorte.

Existe a "estação sorte" e a "estação azar"; a "estação monotonia" e a "estação da agitação"; a "estação do amor" e a "estação do medo".

Então, tire da sua cabeça, de uma vez por todas, que só é possível ter sorte se nascer com ela. Uma pessoa pode até nascer com certa sorte, porque veio com essa vibração, mas isso pode ser modulado ao longo da vida.

E pode notar que, quando uma pessoa que muito nova tem muita sorte, isso tem muito a ver com as pessoas com quem ela convive e outras coisas mais.

ARMADILHA 2: ALGO ESTÁ PARA ACONTECER

Sabe aquele pensamento de que "algo vai acontecer e então o meu dinheiro vai vir"?

Esquece! Isso é besteira.

Não espere passivamente que algo aconteça, como o retorno de um messias, para te salvar.

Neste exato momento, não existe ninguém fazendo um plano para a sua prosperidade. Não tem um escriba dos deuses lá em cima fazendo um plano para trazer prosperidade para você.

E o que vai acontecer para mudar a sua situação não é um fato isolado e milagroso. É você que precisa mudar e agir. Podem surgir várias situações no meio do caminho, claro. Dinheiro inesperado vai surgir, mas você precisa querer o dinheiro e estar focado nisso.

Pare com essa crença de que algo está para acontecer. Você está agindo? Você está fazendo a sua parte para que aconteça alguma situação como consequência das suas ações? Não? Então não vai acontecer nada!

É como jogar na loteria. Não é que não possa acontecer, mas as chances são uma em um bilhão. E, mesmo assim, você precisa ir lá jogar!

Eu não quero que você transfira a sua responsabilidade de prosperar para a loteria. Uma das leis mais fortes da prosperidade é a autorresponsabilidade, que deve ser alimentada e fortalecida todos os dias. Quando você foca a sua atenção em algo que você não pode controlar, você enfraquece seu poder.

ARMADILHA 3: O DINHEIRO ME AFASTA DE DEUS

Essa armadilha pode tomar outras formas: "O dinheiro faz eu perder a minha essência", "Não vou para o céu se ganhar muito dinheiro", "É mais fácil um camelo passar pelo buraco de uma agulha do que um rico entrar no reino dos céus."

É com esse tipo de afirmações que a religião (lá da conspiração RPR) faz você se sentir mal com o dinheiro e acreditar que o ideal é ter o mínimo para sobreviver.

Em toda religião, de 70% a 90% da mensagem é boa, é de amor. Mas existe uma minoria manipulativa que se infiltrou nas religiões, tal qual uma bactéria, e mudou a mensagem para manipular as massas. Foi assim que eles implantaram na nossa mente a ideia de que ser pobre é bom, que ter pouco dinheiro é "espiritual".

Infelizmente, se você estudar a história, vai ver que isso foi feito justamente para que ninguém tivesse muito poder. Dinheiro é poder! Você sabe disso. **Dinheiro é liberdade. Quando não estou precisando de dinheiro, eu sou livre.**

Em toda a história da humanidade, nunca se viram reis ou sacerdotes querendo que o povo fosse verdadeiramente livre.

Pode ser polêmico o que estou dizendo, mas tenho certeza de que aí dentro de você, bem no fundo, você sabe que faz sentido.

> **Esqueça o mínimo. Não se contente com pouco.**

Se você pode ter um carro muito bom, por que vai ter um modelo dos *Flintstones*, com um enorme buraco no assoalho para você dar impulso quando for sair com o seu automóvel? Se pode comprar um chinelo bonito, um tênis bonito, por que vai usar sandálias velhas com um preguinho prendendo uma das tiras?

Você precisa tirar essas ideias da sua cabeça!

ARMADILHA 4: A TEORIA DO VASO DE BONSAI

O ser humano é um bonsai.

Pense bem: o que é um bonsai? É uma árvore, uma espécie grande, com uma raiz muito forte. Só que ela foi plantada dentro de um vaso pequenininho, que a limita.

Por mais que essa espécie de árvore possa crescer, ficar enorme, alcançar os céus, dar bons frutos e uma sombra incrível, ela está limitada por um vasinho e nunca vai crescer além dos limites desse vaso.

É exatamente isso o que estão fazendo com o ser humano. Temos um potencial incrível, mas a maioria de nós está "plantada" dentro de um vaso de bonsai. O que vai acontecer? A pessoa só vai crescer até os limites impostos pelo seu vaso.

Para que você possa crescer bastante, o seu vaso tem que ser muito grande. É por isso que você tem que começar a mudar o tamanho dele. Só assim você pode mudar o seu tamanho.

Não caia na armadilha de acreditar que vai alcançar a prosperidade sem crescer como ser humano e sem questionar suas bases e seus paradigmas.

Eu observei uma pequena muda de hortelã no jardim da minha casa. Poucos dias depois que eu a plantei, ela cresceu absurdamente para todos os lados. A hortelã se alastrou!

Sabe por quê?

Porque a hortelã é tudo o que nasceu para ser. Já o bonsai tem um grande potencial, no entanto ele está limitado, com as raízes atrofiadas em um pequeno vaso, o que impede que a possível grande árvore nunca assuma o seu real tamanho.

Você nasceu para ser tudo o que merece ser, sem limites, sem se condicionar pelo tamanho do seu vaso.

ARMADILHA 5: PARA GANHAR DINHEIRO, EU TENHO QUE ME MATAR DE TRABALHAR

Essa filosofia de que a "salvação" se dá através do trabalho foi difundida pelo Calvinismo. O fato é que existem vários momentos manipulativos da história, em que o conceito de trabalho deixou de ser gerar valor e servir ao próximo e se tornou quase como uma escravidão.

"O trabalho dignifica o homem."
"Deus ajuda quem cedo madruga."

Você escuta isso a vida inteira e, dependendo da sua árvore genealógica, da sua essência e da sua criação, você acaba sentindo muita culpa pela vida afora. Eu, por exemplo, me sentia muito mal quando acordava tarde. Mesmo que tivesse trabalhado até duas da manhã, se no outro dia acordasse às nove e meia, eu sentia culpa. Pensava que já devia estar trabalhando.

Isso acontece porque trazemos impregnado nas nossas raízes o conceito de que o trabalho duro é o que gera resultado. Que o dinheiro só pode vir do trabalho duro, do trabalho que nos massacra.

Ou seja, a maioria das pessoas colocou na cabeça que tem que se matar de trabalhar, porque é só assim que o dinheiro vem.

Aí elas acordam quatro horas mais cedo para chegar ao seu trabalho. Não aproveitam nada da vida, de uma manhã da rotina em casa. Chegam todos os dias três horas mais tarde do que deveriam.

Não dão boa noite para os filhos, que já estão dormindo. Mal falam com o marido ou a mulher, porque já estão todos cansados. Não têm vida social, não veem os amigos. Passam a vida toda esperando pelo fim de semana e pelas férias.

Esse é um paradigma que precisamos começar a destruir. Nem você nem ninguém precisa se matar de trabalhar para ser próspero. Isso está errado!

A prosperidade está também em aproveitar a vida. O segredo é trabalhar com firmeza e a estratégia certa! Você deve ter esforço e dedicação quando se coloca em movimento, porém tem que ser na direção certa e com as estratégias exatas.

> **ARMADILHA 6:**
> **NÃO SOU DE FAMÍLIA RICA,**
> **NÃO TENHO TINO COMERCIAL,**
> **GANHAR DINHEIRO NÃO É PARA MIM**

Mais uma obra bem-sucedida da conspiração RPR. Eles implantaram no inconsciente essa ideia, esse paradigma, de que riqueza é exclusividade de quem veio de família rica.

Se você estudar a história dos milionários e bilionários, vai ver que de 65% a 70% deles não vieram de famílias ricas. Eles construíram o que têm.

Está certo que ter uma família rica pode trazer algumas facilidades, mas isso não é, nem nunca foi, garantia ou impedimento. Não é garantia de que você vai continuar rico. Muito menos impedimento para você se tornar rico. Ainda mais nos novos tempos.

> **ARMADILHA 7:**
> **QUERER O DINHEIRO**
> **PARA ALIVIAR O MEDO**

Você acredita que precisa de dinheiro para uma emergência? Pensa que precisa poupar para o dia que ficar desempregado, acontecer alguma coisa ou tiver um problema?

Sabe o que você está fazendo? Buscando o dinheiro para aliviar o seu medo. Ou seja, está sintonizado na "estação do medo". Está emitindo essa vibração e é exatamente isso que vai atrair.

Veja o meu exemplo: passei a vida pedindo a Deus que me protegesse de um acidente de carro. E ganhei exatamente o que pedi! Eu sofri um acidente de carro e Deus me protegeu! Eu não morri.

É claro que, se tem uma coisa boa para se ter guardada quando acontece algum imprevisto na nossa vida, essa coisa é dinheiro. Como um palestrante já diz há muito tempo: "Se você tem um problema que um cheque pode resolver e você tem fundo para esse cheque, então você não tem mais um problema".

Qualquer problema que um cheque paga deixa de ser problema.

Entretanto, fuja da armadilha de estar preso ao medo! Faça suas reservas, aumente seu lastro financeiro, esteja sólido e saudável, mas pelo amor de Deus, pare de pensar em dinheiro guardado para "se um dia acontecer alguma coisa".

ARMADILHA 8: AS COISAS QUE VOCÊ ANDA VENDO E OUVINDO

O que você anda vendo? Se você vê filmes e séries cheios de crimes, violência, morte, é essa energia que vai atrair.

"Mas, Bruno, é só um filme!"

Eu sei. Você sabe. Mas o seu inconsciente, não. Para ele, o que está acontecendo é real.

Seu inconsciente não separa ficção e não ficção. Para ele, não tem diferença. É tudo a mesma coisa. É tudo real. Para ele, não existe ficção quando você olha ao redor e vê pobreza, desgraça. Não existe ficção quando você se alimenta de histórias tristes e difíceis.

"PARA O SEU INCONSCIENTE

NÃO EXISTE FICÇÃO."

Sabe quando você abastece seu inconsciente com essa vibração? Quando se conecta a filmes violentos, ao noticiário da TV, novelas, programação aberta falando o quanto a vida é dura, com muitas dificuldades e escassez.

Mesmo que a sua vida esteja boa e próspera, em pouco tempo a sua vibração vai passar a ser a mesma das coisas que consome.

Uma vez que o inconsciente absorve essa informação, ele faz você vibrar em sintonia com ela. É um ciclo bem simples: o que eu vejo, eu acredito; e o que eu acredito, eu replico.

"Mas Bruno, desse jeito então não vou mais poder assistir a nenhum filme e muito menos a séries?"

É quase isso mesmo... É uma questão de escolha. Quando você entende o poder absoluto que o inconsciente carrega, você vai mudar seus hábitos drasticamente.

Então, sim, você vai restringir muito o que assiste. E não, você não vai sentir falta porque os resultados são tão impressionantes que você nem vai mais lembrar de assistir tanta TV. Além disso, você deve testar e tirar suas próprias conclusões.

ARMADILHA 9: AS VOZES QUE VOCÊ NÃO OUVE

Neste momento, você deve estar pensando: "Pronto, agora o Bruno pirou de vez. Vai me falar de vozes!".

Mas calma. Quero te contar sobre um experimento que fiz em 2006, quando comprei um gravador digital. Naquela época não existia um aplicativo de gravação no celular e isso era uma novidade. Eu estava animado para usar meu dispositivo o quanto antes.

Eu liguei o gravador, o coloquei no meu bolso, puxei o microfone de lapela e deixei gravando. O aparelho tinha sete horas de carga e, durante todo esse tempo, gravei tudo o que eu falava.

Nos primeiros 60 minutos eu tentei me controlar, ciente de que estava sendo gravado. Passado um tempo, relaxei, esqueci e comecei a ser eu mesmo, como sou no meu dia a dia.

No dia seguinte, depois de carregar o gravador, eu o coloquei no modo acelerado e ouvi as sete horas de gravação.

Eu me ouvi por sete horas do meu dia. Ouvi as coisas que eu falava com meus amigos. As coisas que citava sozinho. E fiquei impressionado!

Parecia que não era eu. A impressão que eu tinha de mim era completamente errada. Eu não achava que era aquele que ouvi na gravação.

Mas o fato é que aquele era meu verdadeiro eu. Eu só achava que era outra pessoa, outro Bruno.

Quantas vezes a gente faz coisas no dia a dia sem perceber? Aposto que você também fala coisas que não ouve. Mas são essas coisas que mostram nossa verdadeira essência.

Eu lembro bem que, quando era criança, e minha mãe comprava um mamão muito verde, ela fazia um cortezinho bem fino na casca, para a fruta amadurecer mais rápido. Dali saía um líquido, que podia ser mais ou menos viscoso, dependendo do tipo de mamão.

Foi assim que eu percebi que quem manda na gente de verdade, nos nossos atos e na nossa vibração, são as vozes que não ouvimos.

As vozes do inconsciente mostram "o líquido" que está saindo da gente. Mostram quem somos de verdade. São elas que definem os mantras que dizemos no nosso dia a dia. Tudo o que você fala repetidamente se transforma na sua vibração.

É por isso que você precisa aprender a anular as vozes que não ouve. É um trabalho difícil, porém os resultados podem te impressionar.

o consciente

o inconsciente

ARMADILHA 10: A ILUSÃO DE QUERER AS COISAS SEM DAR NADA EM TROCA

Essa é outra armadilha muito perigosa. Sim, o universo é abundante. Sim, o Universo está louco para te dar presentes e oferecer a você as melhores oportunidades que existem. Mas não pense que isso vai acontecer sem você se doar.

"Ah, Bruno, mas eu já faço tanto. Eu já me doo sem medida."

Olha, me desculpe, mas se você ainda não tem resultado disso, é porque está se doando pouco. Essa percepção de que está se doando muito é apenas o seu ego falando.

Então, não espere ganhar coisas sem dar nada em troca.

Em vez disso, doe-se sem medida, sem esperar nada em retorno. E é justamente nesse momento que a prosperidade vai chegar.

CAPÍTULO 4

Plano para você se tornar um ímã do dinheiro

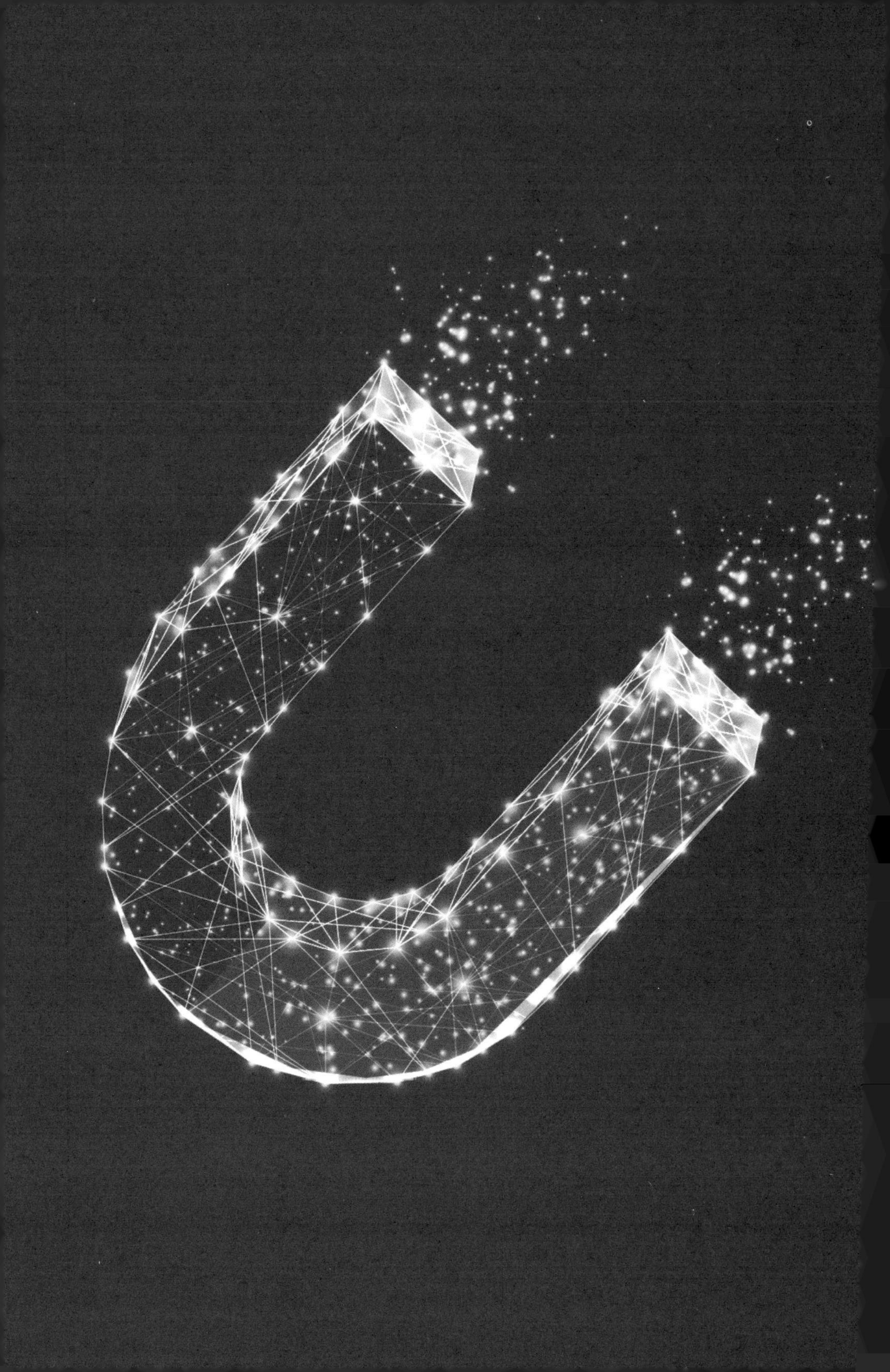

Agora que você já entendeu que precisa desconstruir alguns hábitos e vícios, está pronto para seguir o plano de ação que vai te permitir se tornar um ímã para o dinheiro.

Lembre-se sempre: não é apenas fazer o certo, mas deixar de fazer o errado. Talvez você precise de muito tempo para assimilar que esses itens que citei no capítulo anterior são armadilhas e que precisam ser eliminadas. Tudo bem se você precisa de tempo, vá com calma, leia várias vezes, faça seus testes e chegue você mesmo a uma conclusão.

Porém, se você já concorda com tudo o que eu disse ou no mínimo está confiante na minha pesquisa, vamos em frente fazer a segunda parte, que é incluir na sua vida os itens de um plano para te tornar um ímã do dinheiro.

Comece o quanto antes e mude a sua sorte financeira o mais rápido possível.

Para tornar esse plano o mais simples, eu separei sete passos para você seguir.

PRIMEIRO PASSO: DECLARE QUE GOSTA DE DINHEIRO

A Conspiração RPR (Religião - Política - Remédios) tornou muito difícil para a maioria das pessoas declarar que gosta de dinheiro.

O dinheiro, por si só, não é bom nem mau. Ele é apenas uma energia poderosa, como o fogo.

O fogo na mão de um tolo provoca incêndios. Na mão de um sábio, provê calor, permite cozinhar alimentos.

Da mesma forma, o dinheiro, na mão de uma pessoa má, vai trazer mais maldade. Na mão de uma pessoa boa, vai trazer o bem. O dinheiro não corrompe ninguém. Ele só potencializa quem você já é.

E é por isso que você pode, e deve, declarar que gosta de dinheiro.

Diga: "Eu gosto de dinheiro. Eu amo dinheiro".

Essa declaração precisa sair leve do seu coração. Tudo aquilo que você critica, que odeia, acaba jogando para bem longe. Pense bem: como você se sente com relação ao dinheiro?

Você sente culpa quando ganha mais que seus amigos? Você sofre quando paga contas, porque vê o dinheiro indo embora?

Se sim, precisa mudar isso. Precisa associar emoções positivas ao dinheiro. Ao pagar a conta, expresse sua gratidão.

Você paga a conta de luz e agradece por ter energia elétrica. Paga o colégio dos seus filhos e agradece por poder dar a eles a oportunidade de estudar. Paga o seguro do carro e agradece por ter um carro para se locomover.

Sinta prazer em ter e usar o seu dinheiro.

Eu desenvolvi amor pelo dinheiro, justamente pela sensação absoluta da dignidade de honrar compromissos e comprar coisas que melhoram a minha vida.

Quando eu pago a tarifa de um hotel 5 estrelas em Toronto eu digo: "Brilha prosperidade! Eu amo o dinheiro!". Quando eu tenho a alegria de pagar o jantar que eu e minha esposa temos com um casal de amigos em um restaurante *top* eu digo "Brilha prosperidade! Eu amo o dinheiro! Eu sou muito feliz com o dinheiro!".

Assim eu vou associando essa energia boa com o dinheiro. Agradeço quando troco de carro e pago à vista, agradeço quando faço um novo treinamento e adquiro um ingresso *VIP* na primeira fila, e invariavelmente eu amo o dinheiro quando o destino para a caridade e obras assistenciais.

Declare em voz alta e calma no coração:

"Eu gosto de dinheiro. Eu amo dinheiro".

> ## SEGUNDO PASSO: TENHA O PROPÓSITO INABALÁVEL DE FICAR RICO E ATRAIR DINHEIRO

Um propósito é a sua decisão de fazer ou não alguma coisa. Agora, seu propósito pode ser abalável ou inabalável. Isso vai depender de quanto você está firme nele.

Propósito abalável é aquele que se perde com facilidade, seja por um impulso, por fraqueza, por chantagem emocional dos outros.

Vou te dar um exemplo: imagine que você decidiu que precisa ter uma vida mais saudável, parar de comer doces, se alimentar bem, fazer exercícios, etc. Mas aí você vai na casa da sua avó no domingo, para um almoço de família. Depois do almoço, a sua avó traz aquela travessa enorme de pudim de leite. Aquele pudim que ninguém consegue fazer igual.

E aí? Você come o pudim ou se mantém firme no seu propósito? Se o seu propósito não resiste a um pedaço de pudim no almoço de domingo, ele é abalável.

Se fosse inabalável, você conseguiria agradecer à sua avó, dizer que adora o pudim dela, que realmente é o melhor do mundo, mas que nesse momento da vida você não está comendo doce, e que, como você sabe que ela te ama, ela vai entender e respeitar essa decisão.

Viu? Simples. Com doçura, porém firmeza.

Na sua vida vão aparecer muitos "pudins de leite" para tentar demovê-lo do propósito de se tornar próspero e ficar rico. Resista a eles. Faça o que tem que ser feito.

Sustente, hoje, amanhã e depois, o desejo, a vontade e o direito nato de ser um ímã de dinheiro.

TERCEIRO PASSO: LIMPEZA DE CRENÇAS LIMITANTES

Todo ser humano tem muitas crenças limitantes. São coisas que nos foram ditas ao longo da vida e que fomos tomando como verdades absolutas. Essas crenças se instalam no nosso subconsciente e funcionam como vozes internas. Desse modo, sem que a gente perceba, elas vão modulando a nossa vibração, determinando nosso jeito de agir e definindo o que atraímos na vida.

Quando não limpamos essas crenças, não adianta declararmos ao mundo o que queremos, porque as crenças, no fundo, nos puxam na direção contrária e nos fazem querer outra coisa, mesmo que a gente não perceba.

Alguns exercícios conduzidos podem ajudar você a limpar essas crenças. Aqui quero propor um exercício simples, que você pode fazer sozinho sempre que precisar.

Exercício para limpeza rápida de crenças limitantes

1. Leia cada uma das frases a seguir em voz alta e marque com um X todas as que você sentir que fazem parte da sua vida, aquelas que têm a ver com você e com as quais concorda total ou parcialmente.

( ) Dinheiro é sujo.

( ) Dinheiro pode ser a causa de muitos problemas.

( ) Dinheiro não traz felicidade.

( ) Sem dinheiro você não é ninguém.

( ) Dinheiro não compra saúde.

( ) Dinheiro destrói a família.

( ) Dinheiro corrompe as pessoas.

( ) Só consegue ficar rico quem vem de família rica.

( ) Dinheiro é a raiz de todo o mal.

( ) Ricos são todos desonestos.

( ) Ficar rico dá muito trabalho.

( ) Ter muito dinheiro é muita responsabilidade.

( ) Ficar rico é uma questão de sorte.

( ) Se eu ficar rico, não vou ter tempo para mais nada.

( ) É melhor ser pobre e honesto do que rico e desonesto.

( ) Se eu ficar rico, alguém vai querer o que é meu.

( ) Se eu tiver muito dinheiro, serei ganancioso.

( ) Eu não sou bom com números e finanças.

( ) Não é certo que eu ganhe mais do que meus pais.

(   ) Sou muito jovem para conseguir ser rico.

(   ) Sou muito velho para conseguir ser rico.

(   ) Segurança financeira vem de um emprego seguro.

(   ) Os ricos não são verdadeiramente felizes.

(   ) Ricos perdem a simplicidade e a humildade.

(   ) A maioria dos ricos fez algo errado ou desonesto para se tornar rico.

(   ) Para ser rico, você tem que usar as pessoas e tirar vantagem delas.

(   ) Para ser rico, você precisa de "padrinhos" e pessoas que te favoreçam.

(   ) Dinheiro é escasso, por isso nem todos podem ser ricos.

(   ) Se eu ficar rico, significa que alguém vai ficar sem dinheiro.

(   ) Eu só preciso do suficiente para viver.

(   ) Conseguindo pagar as minhas contas, já me dou por satisfeito.

( ) Se eu conseguir ficar rico, pode ser que eu perca tudo.

( ) Dinheiro não é importante.

( ) Dinheiro não cai do céu nem dá em árvore.

( ) Você não pode ganhar dinheiro fazendo o que ama.

( ) Dinheiro é necessário só para pagar as contas.

( ) Considerando o meu passado, é muito difícil que eu me torne rico.

( ) Considerando a minha realidade, é difícil acreditar que serei rico algum dia.

( ) Não preciso aprender a lidar com dinheiro, nunca o terei mesmo.

( ) Quando estou triste e ansioso, o melhor remédio é gastar.

( ) Meu marido/esposa/pais é que cuidam das minhas finanças.

( ) Dinheiro atrai inveja.

( ) Não quero cair na faixa mais alta do imposto de renda.

( ) Meu parceiro(a) é gastador(a).

( ) Se eu enriquecer, posso ser sequestrado.

( ) Para ganhar mais dinheiro, vou ter que me matar de trabalhar.

( ) Não vale a pena poupar, o que importa é viver o agora. Dinheiro é feito para gastar.

( ) Tanto esforço para ganhar dinheiro pode acabar com a minha saúde.

( ) Se eu ficar rico, todo mundo vai me pedir uma ajudinha.

( ) Rico não vai para o céu.

( ) Não gosto de mexer com dinheiro.

( ) Eu não consigo economizar.

( ) Economizar para quê? Nunca vou ficar rico mesmo.

( ) Quando eu ganhar mais dinheiro, posso começar a economizar.

(   ) Pessoas ricas não são bem vistas e não têm amigos verdadeiros.

(   ) Os ricos são esnobes.

(   ) Devo ter o suficiente para viver, mais do que isso é cobiça e ganância.

(   ) É muito fácil perder tudo, é melhor desfrutar do dinheiro enquanto posso.

(   ) Para se ganhar alguma coisa, é preciso abrir mão de outra.

(   ) É mais fácil um camelo passar no buraco da agulha, do que um rico entrar no reino dos céus.

(   ) Os ricos só pensam em dinheiro.

(   ) Eu não tenho conhecimento suficiente para adquirir riqueza.

(   ) Ficar rico leva muito tempo.

(   ) Se eu tiver muito dinheiro, vou perder a minha essência.

(   ) Para se tornar rico é necessário ter amizades por interesse.

( ) Ninguém ficou rico na minha família, e eu não sou diferente.

( ) Ter um monte de dinheiro me faz ser menos espiritualizado e puro.

( ) Ficar rico não é para pessoas como eu.

( ) Se eu realmente lutar para ficar rico e falhar, vou me sentir um perdedor.

( ) Eu tenho potencial para ser rico, só preciso de um tempo.

( ) Eu tenho potencial para ser rico, só preciso da oportunidade certa.

( ) Eu tenho potencial para ser rico, só preciso que alguém rico me descubra.

( ) Esse não é o momento ideal para que eu comece o caminho da riqueza.

( ) Esse momento da economia não favorece que eu fique rico.

( ) É preciso ter dinheiro para fazer mais dinheiro.

(   ) É difícil ficar rico hoje em dia, porque todas as oportunidades já foram pegas.

(   ) Eu já tentei ficar rico e as portas se fecharam para mim.

(   ) Ser rico traz confusão demais.

(   ) Quanto mais se tem, mais se quer ter.

(   ) Se eu enriquecer, não saberei se as pessoas gostam de mim pelo que sou ou pelo meu dinheiro.

(   ) Se eu enriquecer, a minha família e meus amigos vão me criticar.

(   ) Não gosto de me arriscar.

(   ) Esse negócio de economizar é para economistas, não para mim.

(   ) Não me sinto bem ao lado de pessoas bem-sucedidas.

(   ) Tenho que guardar dinheiro e estar preparado para os dias difíceis.

(   ) Se ficar rico, terei que abrir mão da minha família e de valores importantes.

(   ) Nem todos podem ser milionários.

(   ) As pessoas ricas são más e antiéticas.

(   ) Os milionários são egoístas/egocêntricos.

(   ) Quando a esmola é demais, o santo desconfia.

(   ) Se eu tiver muito dinheiro, os outros vão me julgar por isso.

(   ) Se eu puser minha bolsa no chão, o dinheiro vai embora.

(   ) É mais tranquilo eu querer uma vida na classe média.

(   ) Nunca troque o certo pelo duvidoso.

(   ) Se eu tiver dúvidas, então é melhor nem tentar.

(   ) Se eu fico nervoso, é sinal de que o caminho não é esse.

(   ) Se eu fracassar, não vai ter volta.

(   ) Eu tenho que ser sempre perfeito em tudo o que faço.

(   ) Se sinto medo, é improvável que eu tenha sucesso.

(   ) O medo e a ansiedade são sinais claros do caminho errado.

(   ) A gente ganha pouco, mas se diverte.

(   ) Eu preciso pagar pelos erros que cometi.

(   ) Sinto raiva desse governo corrupto que estraga a minha vida.

(   ) Não tem como prosperar com o governo "mamando nas minhas tetas".

(   ) Sinto raiva do meu pai.

(   ) Sinto raiva da minha família.

(   ) Sinto raiva do meu irmão mais velho.

(   ) Eu sou assim mesmo, não há o que fazer.

(   ) Não tenho, não posso, e a vida não é fácil! Nada é moleza.

(   ) Não se pode confiar em ninguém.

( ) O sucesso só virá se eu sofrer muito para conquistá-lo.

( ) Os outros são muito melhores que eu. Por que justo eu ficaria rico?

( ) Sou pobre, mas sou honesto.

( ) Não sou capaz de conseguir um trabalho melhor.

( ) Sem sofrimento e perdas, não há ganho.

( ) Sou o menos inteligente da família.

2. Sempre que se pegar pensando (ou dizendo) uma dessas frases, repita várias vezes os mantras do dinheiro magnético, até sentir que a crença está perdendo a força e ficando anestesiada em sua mente. Você nem precisa falar o mantra em voz alta, basta que você mesmo se escute.

Aqui estão algumas frases que você pode usar:

"Que energia incrível o dinheiro tem!"

"Eu amo receber dinheiro de várias fontes!"

"Eu amo quando o dinheiro chega para mim!"

"Dinheiro que é meu, vem para mim!"

"Eu amo o dinheiro e ele me ama, somos bons amigos!"

QUARTO PASSO: TENHA A META DE SER RICO

Eu quero que você me responda com sinceridade: você tem metas?

A maioria das pessoas do mundo não tem. Elas abandonam seus sonhos, os deixam para trás nos caminhos da vida. E aquelas que ainda guardam algum vestígio de metas, na verdade têm metas erradas. "Ah, Bruno, minha meta é que meus filhos sejam felizes."

Isso é legal. Faz sentido. Qual é o pai ou a mãe que não quer que seus filhos sejam felizes, não é mesmo? Mas isso não pode ser a sua meta. (Em primeiro lugar porque você está desejando algo para a vida do outro, mas nem vou entrar nesse assunto!)

A sua meta é ser tudo o que nasceu para ser, conquistar seus sonhos, a sua prosperidade, viajar, comprar, vender, atuar, fazer, se realizar.

Algumas pessoas têm a meta de comprar um carro. Ou de emagrecer. Comprar a casa própria. Casar. Passar num concurso público.

Tudo isso é fácil de encontrar por aí, não é? São coisas que as pessoas dizem.

Mas quantas vezes nos últimos dias você encontrou alguém que disse "Meu sonho é ser rico"?

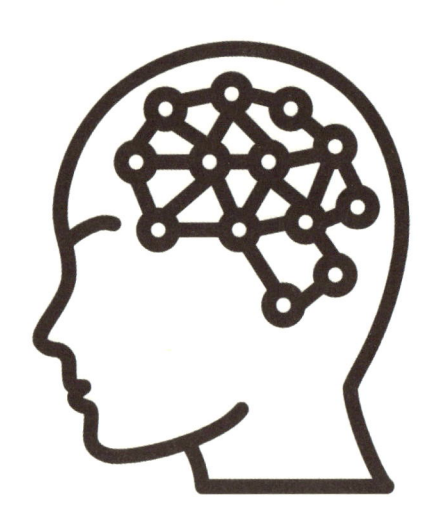

Sim, estou te dando um tempo para pensar.

Poucas ou nenhuma, não é? (A não ser que você tenha ido a algum evento nosso.)

Querer ser rico é algo que as pessoas não revelam. Existe uma resistência. E é justamente porque eu sei que essa resistência existe que eu propus o exercício de limpeza de crenças antes de falar das metas.

Agora vamos lá, diga em voz alta: "Minha meta é ser rico. Minha meta é ser rica".

Se você ainda não consegue declarar isso para si mesmo e para o Universo, é porque as crenças implantadas no seu inconsciente ainda estão te dominando.

Agora fale de novo:

"Minha meta é ser rico(a)."

No entanto, para começar a ser um ímã para o dinheiro, você tem que ser capaz de fazer essa declaração abertamente, de coração leve, sem culpa.

E, depois que conseguir declarar, tem que se apaixonar pela obra pronta. Esse é o grande segredo dos bilionários: eles conseguem visualizar o resultado. Eles têm um sonho e conseguem enxergá-lo antes mesmo que ele seja minimamente real.

As pessoas escassas, medíocres de pensamento, não conseguem ver o seu sonho realizado. Em vez disso, elas sempre veem primeiro o problema, a dor, o lado negativo. E isso atrai mais do mesmo.

Se você quer verdadeiramente ser próspero, precisa se tornar o mestre das metas. Uma meta boa é aquela que tem clareza e que, em 15 segundos você consegue visualizá-la realizada.

Vamos fazer um treino rápido
(e você vai repeti-lo muitas vezes depois):

1. Pense numa ideia que você tem e gostaria de realizar. Um sonho. Pode ser qualquer coisa. Aqui é muito importante que você não se julgue, não se reprima. Não deixe as suas crenças limitantes te dominarem neste momento.

2. Deixe a meta respirar. Não precisa fazer mais nada agora. Você escolheu o seu sonho e é isso. Vá viver o seu dia normalmente, vá trabalhar, se exercitar, comer, dormir. No dia seguinte, ao acordar, pense de novo na meta. Se ela parecer um pouco obscura, talvez não seja exatamente o que você quer. Por isso é importante deixar a meta assentar um pouco na sua mente. Porque, se nesse dia seguinte alguma coisa lhe parecer errada na sua meta, você pode ajustá-la. Já viu que há certas coisas que algumas pessoas não conseguem nem imaginar? Isso acontece porque aquilo não é para elas. E não estou falando isso por crença limitante, não. Simplesmente não é o que faz o coração delas vibrar. Não é o que as deixaria felizes. Então, existe o momento certo para tudo. O momento de pedir, e o momento de ajustar, até que a meta esteja pronta mesmo.

3. Quando você entende que é isso mesmo o que quer, quando seu inconsciente, seu eu superior, começa a se sentir feliz com a meta, então é o momento de repeti-la. Todos os dias. Todos. Os. Dias. Hoje, amanhã e depois. Hoje, amanhã e depois. Se você estiver realmente feliz com sua meta, o cérebro e a mente vão conseguir enxergá-la com leveza. E esse é o exercício. Todos os dias visualizar a meta como se já a tivesse realizado, com alegria e felicidade. Comece se concentrando por 15 segundos, para formar a imagem na sua cabeça. Sustente essa imagem formada por mais 65 a 70 segundos. Deixe o filme da sua vida futura, perfeita e realizada passar na sua cabeça por esse tempo. E depois simplesmente solte.

4. A quarta e última fase é a conquista. É quando você atinge a sua meta e fica feliz com ela.

E aí acabou? Claro que não!

Você refaz tudo. Encontre uma nova meta, ajuste, visualize, repita, conquiste, busque uma nova meta... É assim que você se torna um mestre das metas.

QUINTO PASSO: A TRÍADE DO GRANDE PULO

Talvez essa seja a coisa mais importante de todas, porque é o que vai fazer você saltar de nível.

Já reparou que algumas pessoas, de repente, parecem que recebem uma injeção de motivação e dão um grande salto na carreira? É como se, do nada, elas se destacassem. Os exemplos são vários, desde atletas de alto nível até *youtubers* famosos.

O fato é que tem alguma coisa que faz essas pessoas crescerem muito rápido.

Trata-se da tríade do grande pulo, ou da tríade MTM – Método, Treino, Mentores.

Para tudo o que você possa imaginar nessa vida existe um método certo. A primeira vez que fui cuidar das minhas plantinhas, porque queria fazer um jardim, eu não sabia o que estava fazendo. Depois de um tempo, morreram todas. Então eu chamei um jardineiro para ver, e ele me perguntou como eu tinha feito para plantar e cuidar delas. E o fato é que eu tinha feito tudo errado. Molhei demais planta que não era para molhar, coloquei no sol planta que gosta de sombra... Eu não tinha o método.

O segundo ponto da tríade é treino. Não adianta nada conhecer o método e não treinar. É como estudar matemática. Só a teoria não ajuda. Tem que colocar em prática, fazer os exercícios, e aí sim aquilo entra na sua cabeça.

E treino é todo dia. Veja o exemplo do Michael Phelps, multicampeão mundial de natação. Ele tinha um método diferenciado, mas só isso não bastava. Ele tinha que treinar – e muito.

Só que até o Michael Phelps passou por momentos de drama e pensou em desistir. E é nesse momento que entra o terceiro elemento da tríade:

Declare em voz alta e *calma* no coração:

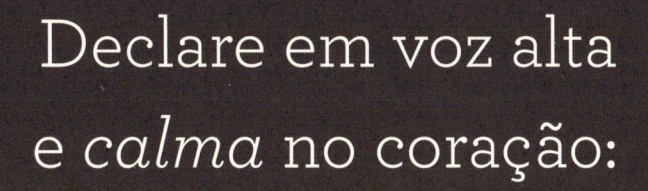

"**Eu gosto de dinheiro. Eu amo dinheiro**"

@brunojgimenes

Do livro "Como ser um ímã para o dinheiro"

os mentores. Se em uma hora você entrar num conflito, o seu mentor pode te ajudar.

O mentor é um conselheiro que entra em cena para reduzir o estresse, para reduzir o drama e tornar o caminho mais fácil. E não fique aí pensando que o mentor é um ser de luz, porque não é. Não estou falando aqui de personalidades icônicas como Chico Xavier, Gandhi, Madre Teresa ou Jesus. Nada disso. Mentor é simplesmente uma pessoa bem comum que já conquistou o que você quer conquistar.

Na natação, o mentor é o cara que já tinha ajudado outras pessoas a conquistarem a medalha de ouro. O mentor de emagrecimento é o cara que já ajudou outras pessoas a perderem peso. O mentor dos negócios imobiliários é o cara que vende muitos imóveis.

O mentor não é uma pessoa perfeita, ele é apenas alguém que domina uma área de interesse. Mas ele não resolve tudo sozinho. Se você não treinar, não conseguirá ter sucesso.

SEXTO PASSO: APAIXONE-SE PELO TRABALHO

Só existem duas opções quanto a isso: ou você põe amor no trabalho que faz, ou vai buscar trabalhar com alguma coisa pela qual é apaixonado.

Não existe meio-termo. Não existe "Odeio esse trabalho, mas pelo menos ele paga as minhas contas". Se para você ter as contas pagas é importante, então descubra alguma coisa que você ama fazer nesse trabalho que tem.

A chave para a prosperidade é a expectativa positiva. Mas como ter expectativa positiva quando você odeia suas tarefas, seu chefe, seus colegas, sua empresa?

Fica uma energia pesada, e esse campo de energia negativa mata a sua conexão com o Criador. Ou seja, bloqueia a sua criatividade, que reside em você ser tudo o que nasceu para ser.

Você precisa estar em conexão com o que faz para se conectar ao alto, despertar a sua criatividade e ser tudo o que nasceu para ser.

Não pense que eu estou dizendo aqui que você precisa gostar de absolutamente tudo no seu trabalho. Até porque, aqui entre nós, isso é utopia, né? Até o melhor trabalho do mundo de vez em quando tem uns pepinos para resolver... Mas, de 70% a 80% do tempo, você precisa estar satisfeito.

Quando você é apaixonado pelo que faz, você tende a se especializar. E isso é muito importante.

Assim que você encontrar o trabalho que nasceu para fazer, viva isso intensamente. Corra atrás de informação, torne-se melhor a cada dia.

Ah, mas tem um detalhe importante: precisa ser algo que gere valor ao mundo. Não adianta ser especialista em desentortar banana, não é mesmo?

A boa notícia é que a maioria das coisas pode ter algum valor para um grupo maior ou menor de pessoas. Busque isso em você. Algo que ajude alguém, que seja útil, belo, inspirador... Algo que torne o mundo um lugar melhor enquanto você pega carona nisso.

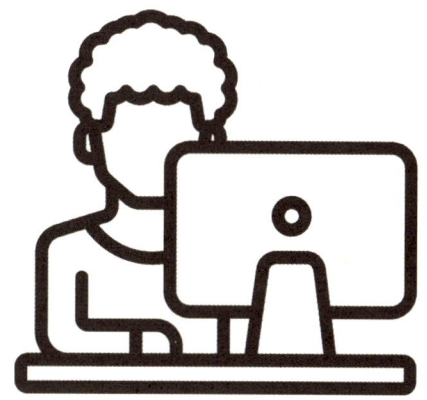

É daí que vem o sucesso. Ele depende de uma ideia que seja mais nobre e tenha mais propósito que a simples geração de riqueza.

> Enquanto ainda não conseguir o trabalho que faça seu coração vibrar, concentre-se em desenvolver *gratidão* pela ocupação atual.

SÉTIMO PASSO: DESENVOLVA O *MINDSET* DA PROSPERIDADE

A prosperidade tem um código oculto de atitudes, pensamentos e sentimentos.

Se você observar as pessoas mais prósperas ao seu redor, vai ver que todas elas têm essa mesma mentalidade. É como um código de conduta.

Aqui estão alguns dos elementos desse código de conduta:

✓ **Faça mais do que você é pago para fazer. Sempre.**

✓ **Aja como se um fiscal do Universo estivesse te analisando, para saber se você é uma pessoa do bem.**

✓ **Ninguém é seu chefe. Por mais que seja funcionário de alguém, antes de tudo você** trabalha para o Universo, e é a sua vibração que te conecta a ele.

✓ Acima de tudo, seja íntegro. Você tem que fazer o bem, o correto, pagar impostos, não passar ninguém para trás.

✓ Ande nos grupos certos. Essa é uma das coisas mais importantes que existe. Diga-me quem são seus amigos e eu te direi seu futuro. Quem são as pessoas com quem você convive? Elas te colocam para cima ou estão sempre te jogando baldes de água fria?

✓ Cuidado com os conselheiros do caos. Não deixe que qualquer um desestabilize a sua tríade MTM. Só peça conselhos a pessoas que têm experiência naquilo que você quer alcançar. Se o seu objetivo é empreender, qual é o sentido de pedir a opinião do seu tio que é funcionário público? Veja bem, seu tio não é uma má pessoa, mas o que ele entende de empreendedorismo? Ele só consegue enxergar as coisas pela ótica dele! Cuidado para não pedir ajuda a parentes e amigos que, no fim, só vão confundir mais as coisas.

✓ Tenha um momento de gratidão. Isso é extremamente importante. A gratidão é a sintonia mais próxima do amor. É a linguagem do Universo. Você pode começar a agradecer agora mesmo, até pelas coisas mais simples. Você acordou hoje, você está respirando, tomou banho, bebeu água, tem um teto sobre a sua cabeça, tem este livro nas mãos... Você já tem muito mais do que imagina. Agradeça e atraia mais bênçãos para a sua vida.

Este é um dos últimos elementos do *mindset* da prosperidade: ter o seu momento de meditação, usar a gratidão.

CAPÍTULO 5

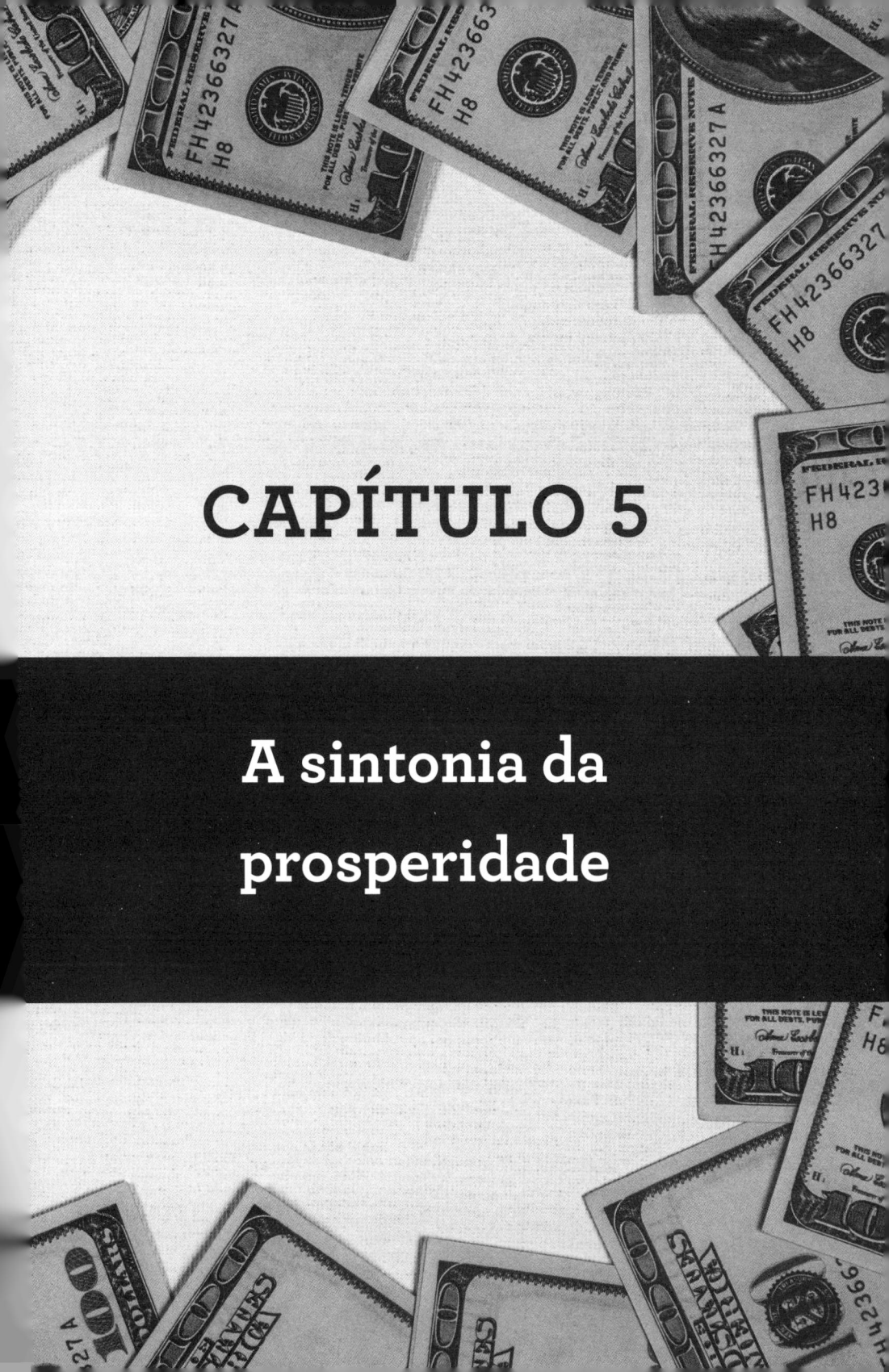

A sintonia da prosperidade

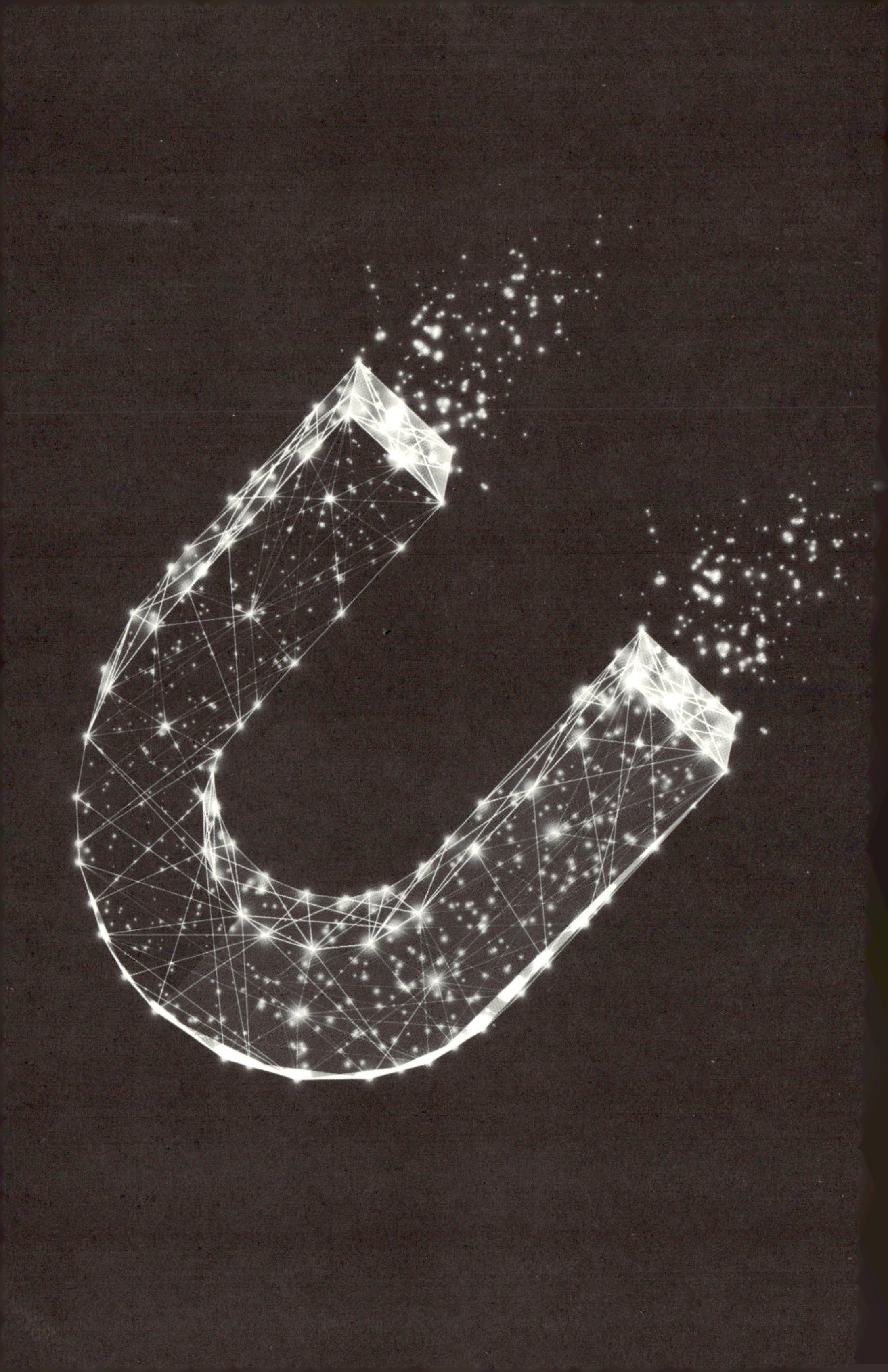

Quando falamos de crenças limitantes, vimos por alto que temos duas partes na nossa mente, o consciente e o inconsciente.

O consciente é a parte racional, que faz contas, tem noção de medida, tempo, espaço e direção.

O inconsciente, a parte escondida, é o nosso campo de energia, nossa parte de vibração. É o nosso lado interno, o espírito. Ele está ligado aos sentimentos e não diferencia realidade de ficção, nem presente, passado ou futuro. Para ele, tudo acontece ao mesmo tempo. O inconsciente se comunica por emoções, cores e imagens, e, aqui entre nós, não dá a mínima para dados científicos e estatísticos.

Agora mesmo, enquanto você lê este livro, quem está acordado é o seu consciente. Então, racionalmente, você assimila tudo o que eu estou te dizendo. Só que o inconsciente representa mais de 90% de nós. Sim, aquele mesmo inconsciente que foi alvejado com as informações das crenças limitantes a vida toda.

Pense bem… 10% (ou menos) de você está lendo este livro e aprendendo o que estou compartilhando aqui. Mas 90% (ou mais) ainda está agarrado às crenças de que você não vai conseguir prosperar. Quem você acha que vai vencer esse cabo de guerra?

A gente acha que pensa na vida, que manda e toma as melhores decisões. Mas a verdade é que quem manda mesmo é o inconsciente. Ou, em outras palavras, as nossas emoções.

Talvez você já tenha ouvido falar disso que expliquei até aqui. Mas vamos dar um passo adiante agora.

Nós, seres humanos, temos uma força eletromagnética, porque temos cérebro e coração.

Nosso cérebro tem uma força elétrica tão forte que pesquisas mostram que a energia que ele produz seria suficiente para iluminar uma cidade pequena. De 40% a 80% (as pesquisas ainda não chegaram a um consenso sobre isso) de toda a energia que gastamos em um dia é energia mental.

É por isso que às vezes você chega simplesmente esgotado ao fim do dia e não entende o porquê, pois não fez nada de extenuante. Você que pensa! O seu cérebro trabalhou muito!

O coração, por sua vez, tem uma força magnética muito poderosa.

Quando juntamos a energia elétrica do cérebro com a energia magnética do coração, temos o pulso eletromagnético.

Então, quando eu penso e sinto, isso gera uma vibração, que forma um campo de energia. Esse campo pode ser chamado por muitos nomes. De uma forma mais mística, esotérica, de mistérios do passado, o chamamos de aura. Na Bíblia, é chamado de corpo de luz. Os gregos chamavam de psicossoma ("soma" de corpo, "psique" de alma – corpo da alma).

O que nos interessa neste momento não é o nome, mas sim entender que esse campo de energia tem uma vibração, e toda vibração tem um endereço. A frequência é o endereço da vibração. Mais uma vez, é como a frequência do rádio. Ela é o endereço das estações, e você vai lá e sintoniza seu aparelho em determinada frequência para escolher que música quer ouvir.

Agora, acompanha aqui comigo: tudo o que meu cérebro pensa e meu coração sente gera um pulso eletromagnético, com uma vibração específica. Essa vibração tem um endereço, uma frequência. E eu estou conectado a essa frequência.

E o que acontece quando estou conectado a uma frequência?

Se eu sintonizo meu rádio na frequência da estação que toca sertanejo, o que eu vou ouvir? Sertanejo.

Se eu sintonizo o meu campo de energia na frequência do medo, o que eu vou receber de volta? Mais medo.

Toda emoção e todo sentimento têm uma frequência. Medo, alegria, compaixão são frequências. A prosperidade é uma frequência.

E quem define a frequência em que você está sintonizado é o seu inconsciente, porque ele representa 90% da sua mente. O seu consciente, coitado, pode até estar fazendo um trabalho incrível, vibrando na frequência certa. Mas, se o inconsciente não colaborar, ele não tem a menor chance!

É a vibração do seu inconsciente que define se você vai ser um ímã de dinheiro ou de dívidas. De amor ou de medos. De oportunidades incríveis ou de furadas. De gente boa ou de gente chata. De saúde ou de doença.

E como você pode mudar isso? Eu e minha sócia, Patrícia, sempre dizemos que existe um dinheiro que é seu e que está escondido na sua aura. Quando você se liberta das crenças limitantes e limpa a aura, ela magnetiza aquilo que já era seu e que você já merecia pelas leis do Universo.

Mas não adianta nada você fazer o exercício para limpar crenças todos os dias se continuar alimentando o seu inconsciente com conteúdos de baixa vibração.

Lembre-se: para o seu inconsciente não existe ficção. Essa frase é muito importante. Eu gostaria que você a sublinhasse neste livro, copiasse na sua agenda, no seu celular, no seu computador… em algum lugar (ou, de preferência, em vários) em que possa vê-la muitas vezes ao dia.

"Minha meta é SER RICO"

@brunojgimenes

Do livro "Como ser um ímã para o dinheiro"

Isso quer dizer que, quando você assiste a um filme de terror e sente medo, pode até pensar: "Ah, é só um filme, não é de verdade". Mas quem é que está falando isso? O racional. O consciente. Porque o seu inconsciente está escondido lá no fundo, desesperado de medo, gritando: "É verdade, sim!!!"

E aí, meu amigo, minha amiga, quando ele ativa a vibração, não interessa se o que está acontecendo é na vida real ou num filme, se é com um personagem, com o vizinho ou com você!

O nosso inconsciente foi programado a vida inteira para atrair coisas ruins, tristeza, desgraça. Basta olhar a mídia, os noticiários, as novelas, as séries e filmes. E nós seguimos captando toda essa vibração e a jogando para dentro de nós. Nós estamos atraindo e replicando as dores.

Existe um círculo vicioso que diz que, se eu vejo alguma coisa, eu acredito. E, se acredito nisso, eu replico.

O que eu vejo é o que eu capto, o que eu assimilo. E o que estou assimilando? Que os políticos são desonestos; que eu sou injustiçado; que eu

[Diagrama: VÊ → ACREDITA → REALIZA (REPLICA), em ciclo]

não consigo me curar sozinho; que, se não tiver uma religião, vou para o inferno.

Eu escuto as pessoas falando isso o tempo inteiro. Quando eu escuto, eu assimilo, acredito. Por mais que eu não esteja prestando atenção, existe algo chamado "neurônio espelho" que replica isso. Então o que acontece é que estamos replicando escassez.

Você precisa começar a se cercar de coisas boas. Porque aí você vai ver coisas boas, acreditar em coisas boas, replicar coisas boas. E transformar aquele círculo num círculo virtuoso.

Ah, então basta ter pensamento positivo? Não é isso que estou falando.

Pensamento positivo é importante, mas sozinho não resolve! Trata-se de um conjunto de fatores que vão, pouco a pouco, mudando a sua vibração.

Um dos aspectos mais importantes é o convívio social. As pessoas que estão ao seu redor. Como são os grupos em que você está? Como os seus amigos agem?

Quando vocês saem para um restaurante, na hora de pagar a conta, as pessoas ficam contando os centavos de cada coisa que consumiram? Ou a divisão é mais fácil e leve? Quando vocês se encontram, vocês riem e se divertem, ou passam o tempo quase todo reclamando da vida ou criticando quem está ausente?

Olhe para as pessoas com quem você convive. E escolha estar perto apenas de quem te faz bem.

Eu sei que talvez você não possa dispensar seu pai, seu tio, seu filho... Mas muitas vezes a sua família, as pessoas mais próximas, são as que mais vibram na energia ruim. Então, você precisa de estratégias que te permitam vibrar na sintonia da prosperidade, apesar de estar perto delas.

CAPÍTULO 6

Rituais Magnéticos

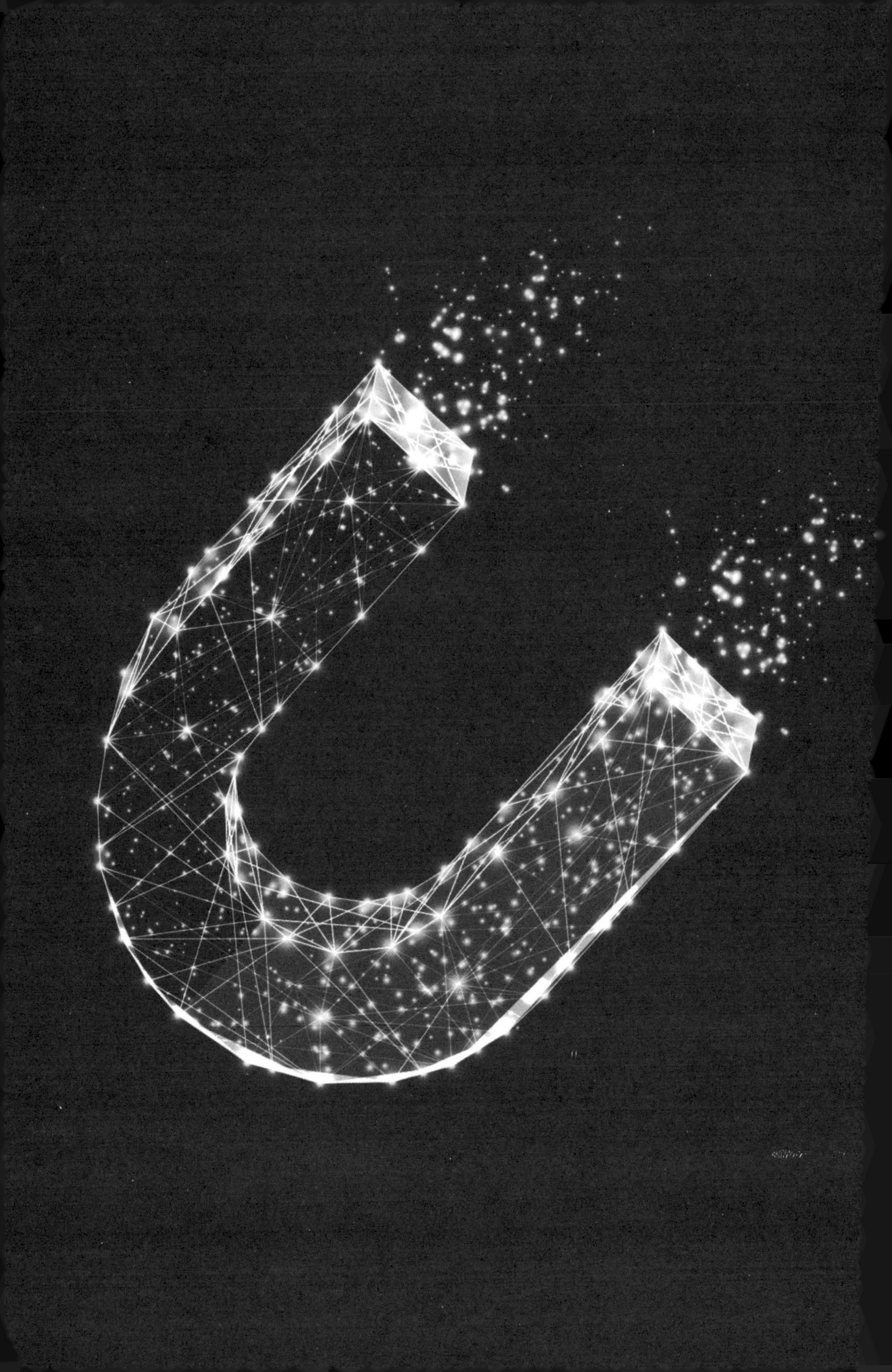

Eu sei que já consegui cobrir até aqui vários pontos que vão mudar a sua vida em médio e longo prazo, de forma segura e escalável. Tenho certeza que com tudo o que foi feito até aqui você vai ver uma transformação segura e ascendente, que elevará a sua essência enquanto estimula você a ser o que nasceu para ser.

E trazer para você uma base sólida de como prosperar na prática é algo que me deixa muito feliz, pois realmente funciona e gera resultados surpreendentes. Por isso se concentre em implantar gradativamente todas as dicas deste livro, bem como evitar as armadilhas, e veja a sua vida mudar.

Porém, nesta parte do livro eu separei algo que vai impactar você nos próximos dias. Eu estou falando de algo que pode trazer prosperidade para a sua vida num prazo muito curto. Em no máximo 28 dias você terá resultados irrefutáveis com o que vou te ensinar neste capítulo.

Já adianto que o segredo do enriquecimento a longo prazo, de forma consistente, sensata e escalável, eu cobri nos capítulos anteriores. Agora é hora de descobrir ferramentas de dinheiro rápido. Não estou falando do enriquecimento direto, estou falando do destravamento imediato da sua sorte para o dinheiro.

Vamos fazer um trato?

Você testa os Rituais Magnéticos, faz com capricho e depois me conta?

Para isso é só você enviar uma mensagem para *suporte@luzdaserra.com.br* para que eu possa saber e compartilhar com você esse seu momento **#brilhaprosperidade**

Simples assim: você testa, tem resultados e depois me escreve contando.

Fechou?

Então chegou a hora, eu vou compartilhar com você alguns Rituais Magnéticos que vão mudar a sua vibração. Fazer cada uma dessas técnicas, para usar uma metáfora, é como fazer amizade com a vibração do dinheiro.

Tá afim de ser amigão do dinheiro?

Imagine que você vai na casa de um amigo e ele tem um cachorro muito bravo. Na primeira vez, o cachorro não quer saber de você. Só que você volta na casa do seu amigo uma segunda vez, uma terceira vez, uma quarta, quinta, sexta, sétima... O animal de estimação acaba associando que você é amigo do dono dele. Ele entendeu que você é uma pessoa do bem, ele sente o seu cheiro e já reconhece. A partir daí, ele até te pede um carinho.

O dinheiro funciona exatamente do mesmo jeito.

Os Rituais Magnéticos ajudam você a domesticar esse "animal". Ele passa a ser um amigo fiel.

As técnicas que você vai encontrar a seguir têm grande impacto, e qualquer pessoa pode incluí-las no seu dia a dia para começar a criar essa vibração que faz com que o dinheiro comece a aparecer como se fosse um milagre.

TÉCNICA 1: CARTEIRA MÁGICA

Essa técnica é simples, poderosa e fácil de fazer. Vamos dividir o técnica da Carteira Mágica em duas partes.

Carteira Mágica – Parte 1

A cédula de dinheiro é a representação física daquele valor. Isso significa que a nota tem uma vibração. A vibração daquela quantia de dinheiro está impregnada na nota. E se tem vibração, tem magnetismo. Ou seja, ela atrai mais dela mesma.

Por isso é tão importante você ter uma nota do maior valor do seu país (aqui no Brasil é a de R$ 100) na sua carteira.

"Ah, mas se eu tiver dinheiro na carteira, vão me roubar." Se esse é o seu pensamento, cuidado! Semelhante atrai semelhante. Você que fala isso está atraindo essa vibração.

A sua carteira é um ímã. Ela deve estar sempre organizada – sem aquele monte de papeizinhos que a gente vai juntando –, e com dinheiro. Afinal, o que você quer atrair: lixo ou dinheiro?

Então, faça agora mesmo. Limpe a sua carteira, jogue o lixo fora, e coloque dentro dela uma nota de R$ 100 verdadeira.

Se você ainda não tiver essa nota, não tem problema. Coloque a maior nota que você puder por enquanto, desde que seja de verdade! Nada de usar dinheiro de mentirinha na carteira!

Toda vez que você for pagar alguma coisa, vai abrir a carteira, olhar aquela nota e pensar: "Eu tenho dinheiro. Eu tenho esse dinheiro".

E tem um segredo: ou você não gasta nunca a nota da carteira, ou, sempre que gastar, tem que pôr outra no lugar. A partir de agora, sua carteira nunca mais vai ficar sem dinheiro.

Carteira Mágica – Parte 2

Pegue um pequeno cartão em branco ou um recorte de papel também em branco do tamanho aproximado de um cartão de crédito. Então escreva o seguinte texto no cartão:

"Este é um cartão mágico, ele atrai dinheiro de múltiplas fontes e possibilidades. Esse é o decreto da abundância que transformar minha carteira em um ímã que atrai e multiplica dinheiro. Quanto mais eu leio o que está escrito neste cartão, mais poderosa se torna a minha carteira."

E a minha dica para você é simples: esse cartão deve ficar na sua carteira onde possa ser visto sempre que você for utilizá-la, tanto para colocar quanto para tirar notas. Sempre que puder leia em voz alta os dizeres do cartão.

Atenção: Não ouse deixar essa dica só no campo das suas ideias. Faça isso agora!

> **Rituais Magnéticos aprendidos até agora para aplicar imediatamente:**
>
> *1. Carteira Mágica – Partes 1 e 2*

TÉCNICA 2: NOTAS DA FARTURA

A sua casa precisa ter notas de dinheiro à vista. O dinheiro não pode ser um corpo estranho.

O que acontece quando tem algo diferente no seu corpo? O seu organismo ataca esse corpo estranho para se livrar dele, certo?

Na sua casa acontece a mesma coisa. Quando aparece algo que não é comum, isso se torna um corpo estranho. Se a sua carteira está sempre vazia, quando você põe dinheiro lá, ele é um corpo estranho – até deixar de ser. Quando minha conta bancária está sempre vazia e eu ponho dinheiro, ele é um corpo estranho – até deixar de ser.

Quando o dinheiro é um corpo estranho, eu ataco. O que isso significa? Consumir até acabar.

É por isso que você tem que se acostumar a ver o dinheiro. Isso tem que ser natural.

Eu tenho pelo menos uns R$ 700 em notas de R$ 100 espalhados pela minha casa, em lugares estratégicos. Você deve colocar esse dinheiro nos lugares que mais vê. Qual é a gaveta que você mais abre? Deixa uma nota lá. Qual o lugar em que você mais fica? Deixe uma nota ali, no seu campo de visão. Para onde você olha quando acorda? Deixe uma nota à vista. O importante é que você tenha constantemente a sensação de que o dinheiro está com você.

Lembre-se: o que eu vejo eu acredito, e o que eu acredito eu replico.

Para o dinheiro na casa, recomendo que você use notas de verdade. Mas se por algum motivo isso ainda não é possível para você (seja porque ainda não tem ou porque mora com muita gente que não entenderia), pode começar usando réplicas. (Atenção: isso só vale para a casa! Na carteira, não. Na carteira, só notas de verdade!)

Toda vez que você olhar para o dinheiro, diga ou pense: "Eu tenho isso. Isso faz parte da minha vida. Isso faz parte de mim".

Atenção: Não ouse deixar essa dica só no campo das suas ideias. Faça isso agora!

> **Rituais Magnéticos aprendidos até agora para aplicar imediatamente:**
>
> *1. Carteira Mágica – Partes 1 e 2*
>
> *2. Notas da Fartura*

TÉCNICA 3: ÁGUA E CRISTAL MAGNÉTICOS

Eu estudo Radiestesia, Radiônica, Medicina Vibracional e Bioenergética há muito tempo, por isso aprendi a fazer energizações.

Essa técnica é muito poderosa. Você vai energizar os cristais e colocar na sua água (e onde mais quiser). E aí, apenas bebendo água, você vai começar a fazer tudo diferente, porque vai trazer para a sua vida a vibração do dinheiro, da prosperidade.

Você vai precisar de 3 dias para realizar essa técnica, alguns cristais de quartzo branco, uma ou mais notas do maior valor que você tiver. Vamos ao passo a passo:

1. Pegue alguns cristais de quartzo branco (você encontra em lojas esotéricas). O cristal de quartzo branco tem a capacidade de replicar a frequência dos impulsos eletromagnéticos que recebe, e é por isso que o usamos para esta técnica. Você pode usar quantos cristais quiser, do tamanho que preferir.

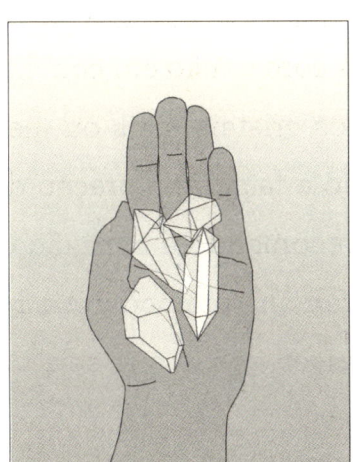

Ilustração: Alice Tischer

2. Lave muito bem os cristais em água corrente (pode ser na pia da sua casa mesmo).

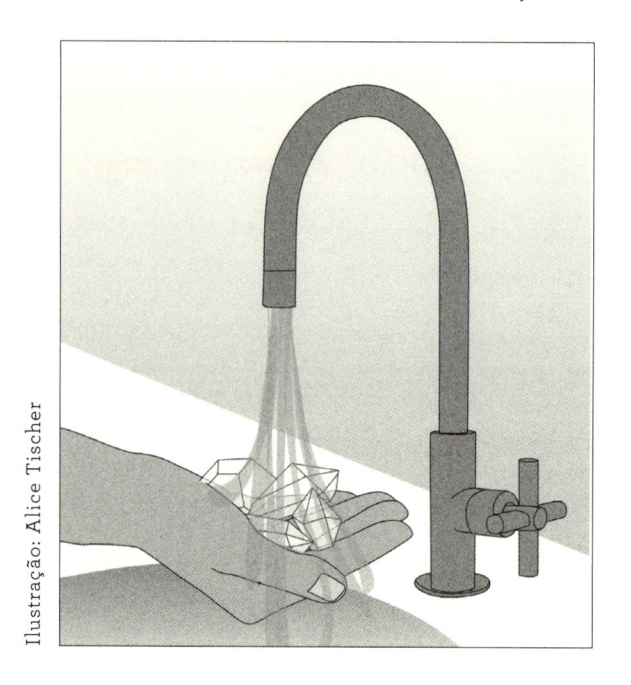

Ilustração: Alice Tischer

3. Num momento de calma e serenidade, pegue os cristais com a mão em concha voltada para cima, segure os cristais mais ou menos na altura do seu coração e faça uma oração de gratidão do seu jeito. Eu recomendo a conexão de quatro etapas, que é extremamente poderosa. Mas você pode fazer como quiser, desde que seja uma oração de gratidão.

Ilustração: Alice Tischer

4. Quando achar que sua sensação de fé atingiu o auge, puxe a mão com os cristais para junto do seu peito, levando-a ao coração, colada ao corpo.

5. Com os cristais junto ao peito, diga: "Gratidão, cristais".

6. Pegue as notas de maior valor que você tiver (você vai precisar de pelo menos uma da moeda do seu país, mas pode usar outras moedas também, se quiser) e coloque-as sobre uma superfície sem mais nada. Pode ser um banco, uma mesinha, qualquer coisa. O importante é que não tenha mais nada além das notas sobre essa superfície. Coloque as notas sobre a mesa.

7. Agora coloque os cristais sobre as notas.

8. Esfregue as suas mãos uma na outra e as posicione sobre os cristais (não precisa encostar, pode manter uma distância de aproximadamente 10 cm entre as mãos e os cristais). Repita três vezes: "Vibração do dinheiro, frequência do dinheiro, magnetismo do dinheiro".

Ilustração: Alice Tischer

9. Gire a sua mão sobre os cristais (pode ser sua mão direita ou esquerda, tanto faz), em sentido horário (o sentido é muito importante. É como se você estivesse encerando algo no ar) e repita três vezes: "Vibração do dinheiro, frequência do dinheiro, magnetismo do dinheiro".

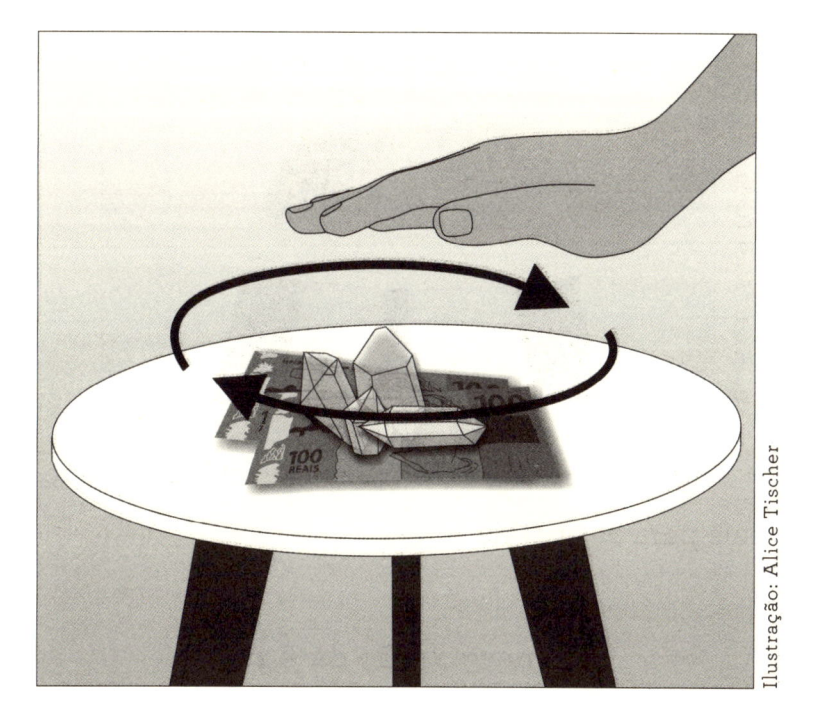

Ilustração: Alice Tischer

10. Deixe as notas e os cristais sobre a superfície. Ninguém pode mexer neles durante esse período de 3 dias de ativação, por isso, se for preciso, esconda a mesinha em algum lugar discreto.

11. Repita essa imposição e o gesto com as mãos duas vezes por dia, por 3 dias.

12. Quando completarem os 3 dias, você pode desmontar tudo, usar ou guardar as notas normalmente. Os seus cristais já estarão energizados.

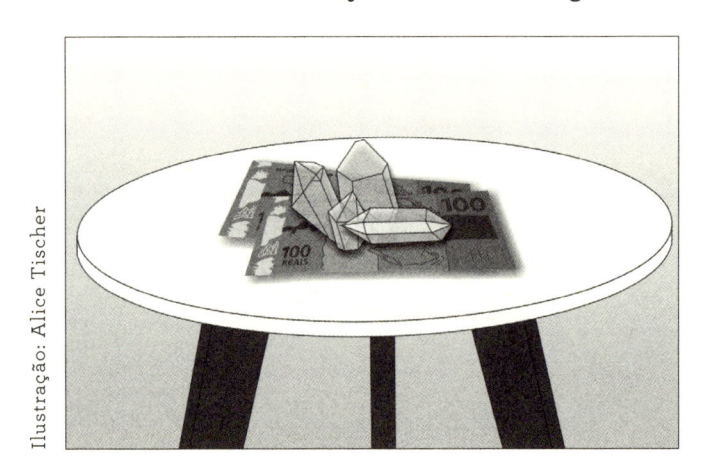

Ilustração: Alice Tischer

Agora você terá dois tipos de usos muito especiais para os cristais:

1. Energização da Água

Para a energização da água, coloque um cristal na sua garrafa e vá bebendo a água normalmente, todos os dias, em qualquer horário. Não faz mal algum, porém, tome muito cuidado para não engolir o cristal no momento da ingestão, no caso de você beber direto pelo bico. Você pode ingerir toda a água do dia dessa forma.

2. Amuletos Magnéticos

Distribua-os por lugares específicos na sua casa, no seu trabalho, no carro, carregue um no seu bolso ou na sua bolsa, dê para um amigo...

Cristais que são posicionados pela casa, que ficam parados, têm pelo menos um ano de vibração. Os que você carrega no dia a dia no bolso ou na bolsa, começam a perder a energia em 30 dias. Então é só refazer a técnica para reenergizá-los.

> **Rituais Magnéticos aprendidos até agora para aplicar imediatamente:**
> 1. Carteira Mágica – Partes 1 e 2
> 2. Notas da Fartura
> 3. Água e Cristal Magnéticos

TÉCNICA 4: CAFÉ MAGNÉTICO

Esta é outra técnica que você pode fazer à vontade, todos os dias.

Tudo o que nós fazemos antes de dormir e ao acordar é muito poderoso.

Existe uma camada de conexão entre o consciente e o inconsciente, mas existe também o superego, que trava a passagem de informações, fazendo com que essas duas partes conversem pouco entre si.

No entanto, quando relaxamos, o superego amplia essa passagem, e consciente e inconsciente passam a falar a mesma língua. Esse processo começa quando vamos dormir e tem o seu auge durante o sono. No entanto, na hora em que acordamos, o cérebro está descansado, e o consciente e o inconsciente ainda estão em conexão. A nossa percepção está mais ampliada. Por isso as práticas feitas antes de dormir e ao acordar são tão impactantes para o magnetismo pessoal e a reprogramação do inconsciente.

A técnica que vou ensinar agora é para ser feita nesses momentos. Ela se chama café magnético.

Coloquialmente nós dizemos "tomar um café", mesmo que não o tomemos de fato. Quando você marca um "cafezinho" com um amigo, vocês podem tomar café mesmo, ou um chá, ou um suco. Pela manhã, dizemos que vamos tomar café da manhã. É o nome da refeição da manhã, mesmo que não se tome o café preto.

Então, note que você pode fazer a técnica com o que quer que você tome, pela manhã e à noite.

É uma técnica consagrada, que traz resultados muito rápidos. Você só precisa praticá-la duas vezes ao dia, no desjejum e antes de dormir.

Você vai precisar ter uma nota, de preferência a maior do seu país. Essa nota é um ímã de mais – ela atrai mais dela mesma.

Depois de fazer a técnica, você pode usar a nota ou deixá-la guardada para repetir a prática. Isso não faz diferença. Pessoalmente, gosto que as coisas circulem, por isso faço a técnica, uso a nota e depois pego outra. Se por acaso fiquei sem nota de R$ 100, não tem problema, faço com duas de R$ 50. Se tenho muitas notas de R$ 100, posso fazer com todas.

Mais uma vez, se você ainda não tiver como usar a maior nota, a de R$ 100, faça com a que tiver disponível. O importante é começar.

1. Coloque a nota sobre a mesa e a sua bebida sobre ela.

2. Olhando para a nota, diga:

"Eu amo essa nota e ela me ama!

Dinheiro que é meu, vem para mim!

Eu sou um ímã dessas notas!

Eu amo receber dinheiro inesperado!

Eu amo receber dinheiro de várias fontes!

Eu amo quando o dinheiro chega para mim!

Eu amo quando o dinheiro vem muito
e em grande quantidade!

Que energia incrível tem esse dinheiro!"

3. Você pode repetir essas frases de uma a três vezes, dependendo do tempo que tem. O importante é sentir essa energia se aproximando.

4. Em seguida beba o seu café (ou chá, suco, água, o que for), pegue a sua nota e vá viver o seu dia ou dormir (quando fizer à noite).

Atenção: Não ouse deixar essa dica só no campo das suas ideias. Faça isso agora!

> **Rituais Magnéticos aprendidos até agora para aplicar imediatamente:**
>
> 1. Carteira Mágica – Partes 1 e 2
> 2. Notas da Fartura
> 3. Água e Cristal Magnéticos
> 4. Café Magnético

TÉCNICA 5: ATIVAÇÕES MAGNÉTICAS (AFIRMAÇÕES DE DINHEIRO RÁPIDO)

As afirmações são muito poderosas. Vou compartilhar com você três afirmações do dinheiro rápido: uma mais curta, uma média e uma mais longa.

Você pode fazê-las a qualquer hora do dia, quantas vezes quiser. Pode fazer de manhã logo depois das suas práticas, pode fazer à noite, antes de dormir. E embora o melhor seja fazer concentrado, prestando atenção nas palavras, você pode até gravá-las e deixá-las tocando nos seus fones, enquanto trabalha. Você vai perceber que até assim elas trarão resultado.

O importante mesmo é que você faça a prática da afirmação positiva ao menos uma vez ao dia. Também recomendo que você reveze as afirmações, sendo assim, cada dia escolha uma entre as três.

Se por algum motivo você se identificar mais com uma delas e quiser fazer mais vezes as sua preferida, tudo bem. O importante mesmo é repetir ao menos uma afirmação uma vez ao dia.

Entre todas as técnicas dos Rituais Magnéticos, entenda que as afirmações são as que atuam mais profundamente no nosso inconsciente, por isso vão te trazer muito mais resultados positivos do que sorte para o dinheiro. Pode esperar uma onda de bem-aventurança maravilhosa.

Ativação para Dinheiro Rápido #1

Ah, como seria bom, bom demais, receber dinheiro extra nos próximos dias. Quem sabe nas próximas horas? O Universo tudo pode. Ah, eu posso sentir como seria bom. Ah, seria bom receber abundância de fontes inesperadas. O Universo é ilimitado. Ele adora pregar surpresas inesperadas. Dinheiro inesperado.

Ah, como é bom receber presentes do Universo! Universo, pode mandar presentes. Está tudo bem. Eu gosto de receber presentes. O Universo tem abundância a me oferecer de todas as fontes. Ele tem muito a me oferecer. Eu agradeço. Como seria bom receber presentes. Como seria bom receber dinheiro inesperado.

Eu posso sentir a energia do dinheiro inesperado. Gratidão, dinheiro! Gratidão, Universo! Eu enxergo oportunidades escondidas em todos os lugares. Eu posso ver luz onde só há sombras. Eu recebo inspirações que são capazes de mudar qualquer situação. Eu atraio o melhor das pessoas.

Eu só atraio gente boa, gente do bem, gente para cima, gente de luz. Eu sinto amparo em qualquer lugar em que esteja. O Universo sempre me estende a mão e me abre portas. Eu mereço a primeira fila, o melhor lugar para sentar, o melhor lugar para estar. Eu mereço o que há de melhor no mundo. Eu sou um sor-

tudo. O dinheiro vem para mim com muita facilidade. Minha mente é uma usina de ideias milionárias. Eu me apaixono pela vida e por cada oportunidade de aprender. Eu consigo enfraquecer toda a negatividade que vem na minha direção de forma amorosa.

Eu sou um ímã de coisas boas. Tudo o que eu ponho na cabeça eu consigo. Eu gero valor em tudo o que toco. Eu sou capaz de fazer coisas incríveis. Eu sou digno. Eu estou equilibrado. Tudo o que eu preciso vem a mim no momento certo. Eu sou mais do que suficiente. Eu estou de coração cheio. Eu sou especial. Eu posso deixar qualquer situação escassa totalmente abundante e próspera. Eu irradio prosperidade em tudo o que eu toco. Eu atraio os melhores convites. Eu atraio as melhores viagens. Eu atraio os melhores e mais impressionantes presentes.

O Universo não encontra nenhuma dificuldade em me presentear constantemente. Eu movimento a prosperidade. Eu sou um ímã da abundância. Eu ofereço a minha generosidade ao mundo. Eu ofereço a minha criatividade para gerar mais e mais valor a cada projeto de que participo.

Eu posso. Eu mereço. Eu dou conta. Eu sou digno. Eu tenho o direito. A minha mente é uma mente de soluções perfeitas. Eu estou em conexão direta com o Criador. Eu sou a expressão de toda a prosperidade. Eu sou um ímã da riqueza. Eu sou a própria prosperidade manifestada. Eu e a prosperidade estamos em total alinhamento.

Ah, como seria bom receber dinheiro extra nos próximos dias. Ah, eu posso sentir como seria bom.

Eu posso sentir como seria bom receber a abundância de fontes inesperadas. Nossa, como é bom receber presentes do Universo!

O Universo tem muita abundância a me oferecer e eu sinto gratidão por isso. Está feito!

Ativação para Dinheiro Rápido #2

O dinheiro e Eu... Eu e o Dinheiro...

Somos bons amigos.

Eu recebo dinheiro com felicidade.

Eu sei cuidar do dinheiro
e dar a atenção certa que ele merece.

Eu sei cuidar do dinheiro do jeito certo.

Eu recebo dinheiro com felicidade.

O dinheiro vem para mim com grande facilidade.

O dinheiro está em todos os lugares
que eu vou e em tudo o que eu toco.

Eu atraio dinheiro facilmente.

Ele vem fácil.

De todos os lugares, de todas as direções
e de múltiplas fontes.

O dinheiro cresce comigo, se expande,
se multiplica.

Eu peço e o dinheiro vem.

Eu penso e o dinheiro vem.

Eu tenho ideias e o dinheiro vem.

Eu sonho e o dinheiro vem.

Quanto mais eu confio, mais eu magnetizo dinheiro.

Quanto mais eu busco meus sonhos, mais eu magnetizo dinheiro.

O dinheiro é muito bom.

O dinheiro gosta de mim.

O dinheiro trabalha para mim.

O dinheiro é a consequência dos meus pensamentos prósperos.

Eu penso que o dinheiro é bom.

Dinheiro me traz liberdade.

Dinheiro me traz realizações.

Dinheiro movimenta as rodas da economia mundial.

Eu gosto do dinheiro.

Eu gosto de ganhar dinheiro.

Eu gosto de gastar dinheiro.

Eu gosto de poupar dinheiro.

Eu gosto de investir dinheiro.

COMO SER UM ÍMÃ PARA O DINHEIRO

*Eu estou em equilíbrio com as
4 forças do dinheiro...*

Eu ganho.

Eu gasto.

Eu poupo.

Eu invisto.

O dinheiro se realiza em mim...

O dinheiro trabalha para mim...

O dinheiro vem fácil e se multiplica.

*Quanto mais dinheiro eu recebo,
mais generoso eu me torno.*

*Quanto mais abundância vem,
mais livre eu fico.*

Eu amo a liberdade...

*É onde minhas ideias milionárias
se expandem...*

Eu amo a abundância...

É onde a felicidade flui...

É por isso que eu amo o dinheiro...

Eu amo a liberdade, eu amo a felicidade...

*Eu aprecio o dinheiro com respeito
e ele gosta de mim por isso...*

*Sou grato por
todo dinheiro
que circula no mundo.*

*Sou grato por toda riqueza
que circula no mundo.*

*Sou grato por toda abundância
que flui para mim.*

Eu sou um ímã de riqueza...

Eu sou um instrumento divino da abundância.

Eu reconheço ideias milionárias...

Eu facilmente as encontro em todos os lugares.

Eu sou um instrumento divino da abundância... E por isso eu atraio ideias, presentes e projetos milionários.

*Eu sou feliz com a abundância divina...
E o Universo me presenteia a todo momento...*

Não me canso de agradecer...

*Obrigado, Universo por me enviar
presentes de todas as formas...*

Obrigado, Universo, por me enviar dinheiro a todo momento...

Gratidão, Universo, por me surpreender a cada dia... Com presentes, com dinheiro inesperado, com abundância de todas as formas.... Materiais e espirituais.

Eu reconheço ideias milionárias...

Eu enxergo projetos milionários...

Eu sou uma usina de pensamentos prósperos...

Eu atraio oportunidades milionárias.

Eu identifico oportunidades escondidas e as transformo em dinheiro vivo na minha mão...

Eu sou um ímã da sorte...

Eu sou um abençoado.

Eu sou um iluminado.

Eu sou um amigo do Universo.

Sou filho do Criador...

Eu tenho o DNA do Criador...

Sou próspero.

Abundante.

Ilimitado.

Criativo.

*Eu crio o dinheiro transformando
ideias em abundância.*

*E tudo é simples... Tudo é fácil...
Tudo acontece suavemente.*

*Se eu preciso de ajuda,
ela vem de todos os lugares.*

*Se eu preciso de informações,
elas vêm de todos os lugares.*

*Se eu preciso de inspiração,
ela vem de todos os lugares.*

*Se eu preciso de pessoas certas ao meu lado,
elas surgem de todos os lugares...*

Eu sou um ímã de ideias prósperas.

*Eu sou um ímã de pessoas prósperas
e generosas.*

Eu sou uma usina de ideias milionárias.

Eu sou um realizador.

Eu sou um criador.

Eu sou um multiplicador da prosperidade.
O Universo abre qualquer porta
que eu queira entrar.
E eu escolho entrar em todas
as portas da prosperidade e da generosidade.
Eu decidi abrir todas as possibilidades
que a minha consciência deseja.
Eu decidi pela abundância.
Eu decidi pela liberdade.
Eu decidi ser livre, para ir e vir,
para me realizar e realizar todos os projetos de
prosperidade que a minha consciência deseja.
Eu decidi pela prosperidade.
Eu decidi pela riqueza.
Eu decidi romper qualquer
limite que possa impedir isso...
Eu decidi repelir tudo o que
é escasso e miserável.
Com respeito e consideração, eu peço que
se afaste toda escassez, limitação e miséria.

Vai em paz toda partícula de escassez...

*Vai em paz toda miséria da
minha consciência...*

Eu escolho a abundância.

Eu escolho sempre poder escolher.

*Eu posso escolher a minha realidade,
hoje, amanhã e depois.*

*Eu escolho a prosperidade,
hoje, amanhã e depois.*

*Eu escolho a generosidade...
Hoje, amanhã e depois.*

Eu escolho a riqueza.... Hoje, amanhã e depois.

*Eu decido fechar a porta para a miséria,
a escassez, a cobiça e a mesquinharia...
Hoje, amanhã e depois.*

*Eu estou aberto para
a criatividade milionária.*

*Eu me conecto permanentemente com tudo o
que é leve, saudável e abundante.*

Dinheiro está vindo para mim neste instante...

De múltiplas fontes e múltiplas formas.

R$ 10.000,00

R$ 100.000,00

R$ 1.000.000,00

Todo esse dinheiro está por aí, fluindo no mundo... E agora está vindo na minha direção neste exato momento...

Não há limite...

Eu atraio quantidades abundantes...

Eu não tenho travas...

Eu posso atrair qualquer quantia que desejar, precisar ou sonhar...

$ 10.000,00 De todos os lugares, de múltiplas fontes, vindo para mim...

$ 100.000,00 De todos os lugares, de múltiplas fontes, vindo para mim...

$ 1.000.000,00 De todos os lugares, de múltiplas fontes, vindo para mim...

E muito mais... vem vindo em minha direção... Sem limites... em fluxo aberto...

Essa é a minha vida...

Eu sou uma expressão da prosperidade.

Eu sou um representante divino da abundância.

Eu sou a manifestação da prosperidade.

Tenho amigos incríveis, generosos, interessantes, felizes...

Eu sou um ímã de bons amigos

Eu faço viagens incríveis, interessantes, o tanto quanto desejo...

Eu estou sempre nos melhores lugares.

Com as melhores pessoas.

Nas melhores condições...

Todos os bens materiais que preciso e desejo surgem facilmente na minha vida.

Todo dinheiro de que preciso está sempre à minha disposição...

Eu recebo em quantidades abundantes...

O dinheiro sobra na minha vida.

O dinheiro se expande na minha vida.

O dinheiro se multiplica na minha vida.

O dinheiro gosta de mim...

O dinheiro vem para mim com facilidade.

Eu estou em total harmonia com o dinheiro.

Ativação para Dinheiro Rápido #3

Eu tenho tudo o que preciso para ter sucesso.

Eu sou motivado.

Eu sou poderoso e tenho sentimentos que atraem riqueza.

Meu comportamento está alinhado com meu estado de espírito equilibrado.

Cada dia eu confio mais na minha intuição.

Sou saudável, magnético e sensato.

Eu fui feito com o propósito de realizar grandes coisas.

Eu sou um ímã que atrai abundância em tudo o que faço.

Meu perfume natural é a prosperidade.

Todas as minhas ações representam a expressão da prosperidade.

O medo é apenas um sentimento,
eu o supero e vou em frente.

Eu sou bem-sucedido em todas
as áreas da minha vida.

Sou educado e respeitoso
com qualquer pessoa que conheço.

Eu sou paciente.

Eu sou o único que pode me impedir.

Tudo está bem aqui e agora.

Eu combino com o dinheiro
e o dinheiro combina comigo.

Eu estou de bem com a riqueza
que há no mundo.

Eu amo a abundância
e a abundância me ama.

E sinto a riqueza em cada ato.

Eu atraio a prosperidade
a cada palavra que pronuncio.

Eu estou totalmente aberto

para receber dinheiro de múltiplas fontes.

*Eu estou atraindo riqueza
de múltiplas formas e múltiplos meios.*

*Todo dinheiro que vem a mim
é fruto do bem e da verdade.*

Eu sou um ímã de pessoas boas.

*Eu tenho a vibração da prosperidade,
do dinheiro e das múltiplas
possibilidades de riqueza.*

Eu respeito toda a riqueza do Universo.

*Eu respeito o dinheiro e ele sempre
se multiplica quando está comigo.*

*Eu sei cuidar do dinheiro
e fazer ele trabalhar por mim.*

*Eu confio no Universo e faço o meu melhor,
não importa a situação.*

Eu sou leal, eu estou em paz comigo mesmo.

*Eu me respeito e tudo o que eu faço
aumenta a minha luz interna.*

Tenho a mente aberta e aproveito

todas as oportunidades que me cercam.

*Todos os meus relacionamentos
têm um propósito e eles me preenchem.*

*Eu escolho ver todas as oportunidades
que me rodeiam.*

*Eu escolho enxergar todas as possibilidades
de riqueza que minha consciência merece.*

A prosperidade me rodeia.

*A prosperidade é a minha origem
e o meu destino.*

A prosperidade está dentro e fora de mim.

A prosperidade flui para mim e através de mim.

Eu sou capaz de fazer coisas incríveis.

Eu sou digno.

Eu estou equilibrado.

*Eu tenho o direito pleno de ser tudo
o que nasci para ser.*

*Tudo o que eu preciso vem a mim
no momento certo.*

Eu sou mais que suficiente.

Eu sou maior que o maior dos problemas.

Eu encontro respostas, quaisquer que sejam, quando me abro para o Universo.

Eu estou de coração cheio.

Eu me concentro no bem em qualquer situação.

Eu tomo boas decisões.

*A cada nova decisão que tomo
mais prosperidade eu atraio.*

Eu sinto admiração por tudo o que me rodeia.

Eu estou cheio de energia e transmito felicidade.

*Eu sou muito superior aos
pensamentos negativos.*

*Eu sou abençoado com talentos infinitos
e eu os uso todos os dias.*

*Eu me desligo pacificamente
de pessoas negativas.*

Eu estou inspirado com novas e boas ideias.

*Eu estou contente com todas as
minhas realizações.*

Eu sou corajoso e sou gentil.

*Eu sou admirado e muitas
pessoas reconhecem meus resultados.*

*Não importa os desafios que chegam,
eu sempre encontro formas de prosperar.*

Eu sou indestrutível.

Irradio charme, beleza e graça.

*Eu estou em paz com tudo o que aconteceu,
acontece e vai acontecer em minha vida.*

Eu sou um ser humano maravilhoso.

Toda energia que sinto é capaz de atrair muito dinheiro, de muitos lugares e muitas fontes.

Pessoas de bem me convidam para festas, eventos e oportunidades de ouro.

Eu atraio presentes.

Eu atraio convites.

*Eu irradio chances e oportunidades
de prosperar mais e mais, sem limites.*

*Estou orgulhoso de tudo
o que realizei até agora.*

Eu me sinto bem na minha própria pele, toda a beleza do Universo está dentro de mim.

Todo o Universo é lindo e brilha sobre mim.

Eu sou destemido e corro riscos.

Eu aceito novas experiências.

Estou curioso, eu sou um aprendiz.

Eu sou grato pela minha vida.

Eu me amo profundamente.

Eu sou capaz de conseguir grandes coisas na minha vida.

Eu me sinto confortável em ficar sozinho na minha própria companhia.

Minha voz interior é sempre positiva em qualquer situação.

Eu posso fazer tudo o que minha mente definir.

Eu confio completamente em mim.

Eu posso facilmente dizer "não" quando eu preciso.

Eu sou produtivo.

Eu sou um trabalhador esforçado.

Eu acho fácil trabalhar constantemente e ser produtivo, eu sou eficaz no meu trabalho.

*Eu sou produtivo, motivado
e extremamente trabalhador.*

Eu crio o meu próprio sucesso.

Eu atraio abundância em minha vida.

*Eu sempre sigo a verdade em
todos os meus planos.*

*Eu sou digno de abundância
em tudo o que faço.*

*Eu sabiamente reajo a qualquer
desafio que vem no meu caminho.*

Eu acredito no poder do pensamento positivo.

Eu sou um criador.

Eu sou importante.

Eu sou respeitado.

Eu estou cheio de energia e determinação.

*Eu estou ciente do meu valor
e nunca deixo os outros me derrubarem.*

Eu posso fazer tudo o que eu quero, eu sou bem-sucedido em todas as minhas ações.

Eu sou livre para ser eu mesmo.

Atraio amizades duradouras e prósperas.

Todos que trabalham comigo prosperam.

Em todos os projetos que atuo a prosperidade aumenta.

Cada ideia que tenho aumenta minha força de possibilidades.

Eu sou uma usina de riqueza e abundância.

A riqueza que manifesto é ilimitada.

Minha mente pode fazer desejos se tornarem realidade.

Eu sou humilde e estou sempre pronto para aprender.

Eu reajo com amor em qualquer situação.

Eu estou no controle de tudo o que penso e faço.

Eu enfrento qualquer desafio com coragem.

Eu sou conectado com

a Fonte Universal e honro toda a criação.

Eu aceito todos ao meu redor e sei lidar com as diferenças de forma inteligente.

Eu sou um milagre.

Eu sou poderoso.

Eu sou ilimitado.

Eu estou amavelmente cuidando do meu templo que é o meu corpo.

A felicidade está presente em todo pensamento que eu tenho a cada dia, ela é um presente e aceito-a com gratidão.

Eu sou livre para viver no presente e construir um futuro brilhante.

Eu me curo de qualquer frustração e ansiedade.

O passado se foi e eu me concentro apenas no presente.

Eu sou ousado e extrovertido.

Meu eu exterior é correspondido pelo meu bem-estar interior.

Eu tenho integridade, eu sou totalmente confiável, eu faço o que eu digo.

Estou cercado por pessoas que incentivam e apoiam escolhas saudáveis.

Todos os meus atos e pensamentos estão cheios de amor e bondade.

Eu começo cada dia cheio de infinitas possibilidades e felicidade.

Eu durmo a cada dia com o coração pleno de gratidão.

Eu deixo ir tudo o que pode ir e fico com a prosperidade e os bons sentimentos.

Eu sou receptivo a toda a riqueza que a vida tem para oferecer.

Eu sou o mais poderoso ímã da abundância e da felicidade.

Eu sou extremamente rico e essa riqueza revela infinitas virtudes de caráter.

Eu busco todos os meus sonhos com energia e brilho nos olhos.

Não há limites para a quantidade de riqueza que posso possuir.

Eu fico melhor e melhor a cada dia.

Eu estou calmo.

Eu tenho fé no meu potencial.

Sou organizado e disciplinado.

Eu sou uma pessoa positiva com sentimentos positivos para mim e para os outros.

Eu estou vibrando com energia e amor.

Eu tenho o poder de criar uma vida linda.

Eu atraio as melhores moradias que mereço ter.

Eu atraio as melhores residências que mereço.

Eu atraio as mais formidáveis formas de conforto, beleza e harmonia em minha morada.

Eu desfruto dos melhores veículos, transportes e meios de locomoção.

Eu atraio o melhor dos melhores em todos os casos.

Eu magnetizo os melhores momentos de diversão e alegria.

*Eu me sintonizo com os melhores
lugares para visitar e viajar.*

*Eu tenho acesso ao melhor da vida,
física e extrafísica.*

*As melhores oportunidades de fazer
minha prosperidade se expandir
chegam a mim com facilidade.*

*Sou um potencializador da prosperidade
do mundo.*

Sou um parceiro de Deus na Criação.

*Eu sou um ser maravilhoso
e escolho amar e respeitar a mim mesmo.*

*Eu aprendo com tudo o que acontece
na minha vida.*

*Eu escolho me libertar de todos
os medos e dúvidas destrutivas.*

*Eu estou em paz comigo mesmo
e com todas as pessoas que me rodeiam.*

*Eu supero qualquer obstáculo
com facilidade e consciência.*

*Minha vida se torna cada vez maior
a cada dia que passa.*

Eu amo e respeito o meu corpo.

Eu estou saudável e energizado.

Eu sou digno de tudo o que é bom.

Eu sou uma força de criação.

O Universo me ama, me apoia, e traz apenas experiências positivas para a minha vida.

*Eu sou encorajado por qualquer sucesso
que eu alcance.*

Tudo o que eu preciso vem a mim sem esforço na hora certa e no momento certo.

Estou feliz com a minha idade.

*Todos os meus relacionamentos estão
em harmonia.*

Eu sou lindo tanto por dentro quanto por fora.

Eu sou lindo exatamente como eu sou.

*Eu me concentro apenas na minha vida
e deixo os outros viverem a deles.*

Eu aceito minha singularidade,

*não há concorrência,
porque somos todos diferentes
e é assim que deve ser.*

Tudo está bem em minha vida.

Eu sou uma pessoa sábia, bonita e maravilhosa.

Eu amo tudo o que vejo em mim.

Eu sou amor, luz e felicidade.

Meu futuro é brilhante.

Eu estou completamente ciente dos meus sentimentos, não importa a circunstância.

Eu mereço ser amado, eu mereço ser respeitado, eu mereço viver uma vida feliz.

*Eu sou digno, eu sou lindo
e todo mundo me ama e me respeita.*

Eu confio em minha sabedoria interior.

Eu confio em meus instintos.

Estou seguro.

*Eu sou completamente amado
por aqueles que me cercam.*

Pessoas amorosas estão presentes

*em minha vida e me preenchem
com equilíbrio, harmonia e otimismo.*

*Eu tenho um coração grato que
continua atraindo todas as coisas
que eu desejo profundamente.*

*O mundo é um lugar maravilhoso
para se estar e eu desfruto da minha
jornada entusiasmada neste planeta.*

*Eu estou cercado de amor
e alegria em todo lugar que vou.*

Eu sou um ser humano criativo e inovador.

*Estou feliz com esse processo
de alcançar meus objetivos.*

*Eu sou paciente em todas
as atividades que tenho.*

*Meu corpo é saudável, minha mente
é brilhante minha alma está em paz.*

*Estou transbordando de energia
e transbordando de alegria.*

*Eu perdoo aqueles que me feriram
e eu me separo pacificamente deles.*

Eu sou um ser humano amoroso.

Eu estou feliz com minhas próprias realizações e com as bênçãos que recebi.

Eu tenho um potencial infinito para ter sucesso na vida.

Eu sou corajoso e me defendo.

Eu sou admirado, muitas pessoas olham para mim e reconhecem o meu valor.

Eu sou abençoado com uma família incrível e amigos maravilhosos.

Eu reconheço o meu próprio valor.

Tudo o que está acontecendo agora em minha vida está acontecendo para o meu melhor.

Eu sou uma usina, eu sou indestrutível.

Estou confiante de que toda coisa ruim passará e me deixará com uma lição valiosa.

Meu futuro é uma projeção ideal do que imagino agora.

Eu sou apoiado pelo Universo e estou fazendo meus sonhos se tornarem realidade.

Eu sou um ser calmo e tranquilo.

Eu estou conquistando a minha vitória.

Os obstáculos estão saindo do meu caminho.

*Meu caminho é esculpido
em direção à grandeza.*

*Eu sou poderoso de coração
e tenho clareza em minha mente.*

*Meus medos do amanhã estão
simplesmente desaparecendo.*

Minha natureza é divina.

Eu sou um ser espiritual.

Minha vida está apenas começando.

A vida me ama.

Eu sou excelente em tudo o que faço.

*Eu uso todo o meu potencial
e atraio apenas bons resultados.*

*Meus pensamentos são apenas pensamentos
e pensamentos podem ser alterados.*

*Minha mente está cheia de pensamentos
positivos e esses pensamentos
criam o meu futuro.*

Eu estou no processo de mudança positiva.

Eu me sinto confortável olhando no espelho e dizendo: "Eu te amo, eu realmente amo você!".

Eu me perdoo e me liberto.

Como eu digo "sim" à vida
e a vida diz "sim" para mim.

Eu sou capaz de ir além
dos meus medos e limitações.

Eu sou divinamente guiado
e protegido em todos os momentos.

Eu reivindico meu poder
e supero todas as limitações.

Eu confio no processo da vida.

Estou profundamente satisfeito com tudo o que faço, perdoo a mim mesmo, e torna-se mais fácil perdoar os outros.

Eu prospero aonde quer que eu vá.

Tudo o que eu preciso saber é revelado
para mim exatamente no momento certo.

Estou em paz.

Sou feliz e saudável.

*Meu corpo está em alinhamento
com o que eu sinto e penso.*

Eu sou uma inspiração para os outros.

Meu dia começa e termina com gratidão.

*Eu sou um bom ouvinte,
as pessoas confiam em mim.*

Eu aceito o meu passado e supero isso.

Só o que é bom pode vir para mim.

Eu sou lindo e todo mundo me ama.

*Todos que encontro hoje têm
o meu melhor em meu coração.*

Eu estou cercado por pessoas maravilhosas.

Eu sou equilibrado mentalmente e fisicamente.

*Eu preencho minha mente
apenas com pensamentos positivos.*

Eu sou saudável, inteiro e completo.

O bem-estar é o estado natural do meu corpo.

Estou em perfeita saúde.

*Eu estou sem dor e totalmente
em sintonia com a vida.*

Eu sou perfeito do jeito que sou.

Eu sou inteiro e completo.

Eu confio na minha intuição.

Eu sempre escuto o meu corpo.

Estou disposto a pedir ajuda quando precisar.

Eu me perdoo por não ser perfeito.

Eu honro quem eu sou.

*Estou envolvido apenas
em relacionamentos saudáveis.*

Eu sou sempre bem tratado.

Eu não tenho que provar nada para ninguém.

Estou em harmonia com a natureza.

Saúdo novas ideias.

*Nenhuma pessoa e nenhum
lugar podem me irritar.*

Eu escolho ficar em paz.

Eu experimento o amor aonde quer que eu vá.

Eu estou disposto a mudar.

Eu estou limpo de pensamentos negativos e maus hábitos.

Eu atravesso todas as pontes com alegria e facilidade.

Eu libero todo o drama da minha vida.

Eu estou em completa harmonia comigo mesmo.

Eu equilibro a vida entre trabalho, descanso e diversão.

Eu enfrento o medo com poder e bondade.

Eu estou no comando.

Eu agora tomo o meu próprio poder de volta.

Meu corpo aprecia como eu cuido disso.

Eu passo tempo com pessoas energeticamente positivas.

Eu sou pacífico por dentro e compartilho disso com os outros.

Estou ciente de que todo dia é um presente sagrado da vida.

Eu vivo plenamente e aproveito cada momento.

Eu libero todos os pensamentos negativos do passado e todas as preocupações sobre o futuro.

Eu perdoo todos do meu passado por todos os erros percebidos.

Eu os libero com amor.

Eu só falo positivamente sobre aqueles no meu mundo.

O pensamento negativo é um estranho em minha vida.

Eu tenho tudo o que quero.

Saúde perfeita é o meu direito divino e eu o reivindico agora.

Eu libero todas as críticas.

Sou grato pelo meu corpo saudável.

Eu amo a vida.

O amor flui por todo o meu corpo e libera qualquer doença que o afete.

Minha cura já está em andamento.

Minha renda está aumentando constantemente.

Estou constantemente disposto a aprender, há sempre espaço para mais.

Eu me torno mais amável a cada dia.

Agora é seguro para mim liberar todos os meus traumas de infância e entrar no amor.

Eu mereço tudo o que é bom.

Estou em paz.

Estou confiante de que o Universo me mostra todos os dias para onde eu preciso me mover.

Eu amo meus familiares assim como eles são e eu não tento mudar ninguém.

Eu amo e aprovo a mim mesmo.

Eu fui feito com intenção divina.

Eu não sonho com coisas pequenas.

Eu supero medos seguindo meus sonhos.

Eu alimento meu espírito, eu treino meu corpo, eu foco minha mente.

É a minha vez, eu sou responsável por como me sinto e sempre escolho a felicidade.

Eu não estou me comparando aos outros.

*Eu estou escolhendo e não esperando
ser escolhido.*

Eu tenho o poder para criar a mudança.

Eu deixo ir tudo o que não me serve mais.

*Eu me recuso a desistir porque ainda não
tentei todas as possibilidades.*

Eu mereço o melhor e aceito o melhor agora.

Minha presença é o meu poder.

*Eu sou fiel com tudo o que digo,
minhas ações estão em completo
alinhamento com o que eu falo.*

Eu tenho prazer na minha própria presença.

*Eu sou muito grande neste mundo
para sentir pena de mim.*

Eu sigo meu coração e minha intuição.

Eu faço as melhores escolhas o tempo todo.

Eu extraio toda a minha força interior.

Eu confio em mim mesmo.

*Eu posso fazer tudo o que eu quiser para
alcançar meus sonhos, contanto que eu não*

machuque aqueles que me cercam.

Eu sou paciente.

*Todas as situações funcionam
para o meu bem maior.*

Coisas maravilhosas acontecem para mim.

Eu me perdoo por todos os erros que cometi.

Eu sou justo.

Eu sou inteligente.

*Eu substituo minha raiva
por compreensão e compaixão.*

Eu sou otimista.

*Eu escolho ver o bem e o positivo
em todas as situações.*

Eu exalo prosperidade em cada palavra.

Eu exalo prosperidade em cada ato.

Todos os meus objetos exalam prosperidade.

*Todos os meus passos
transmitem prosperidade.*

Tudo o que faço irradia riqueza.

Eu sou um ímã do bem.

Eu sou um ímã do amor.

Eu sou um ímã do dinheiro.

Eu sou o fluxo abundante da riqueza.

Minha riqueza não tem limites.

Os números que possuo crescem amplamente.

*Todo dinheiro que atraio
me transforma para o bem.*

Eu sou a própria prosperidade manifestada.

Atenção: Não ouse deixar essa dica só no campo das suas ideias. Faça isso agora!

Rituais Magnéticos aprendidos até agora para aplicar imediatamente:

1. Carteira Mágica – Partes 1 e 2
2. Notas da Fartura
3. Água e Cristal Magnéticos
4. Café Magnético
5. Ativações Magnéticas (3 tipos de afirmações)

CAPÍTULO 7

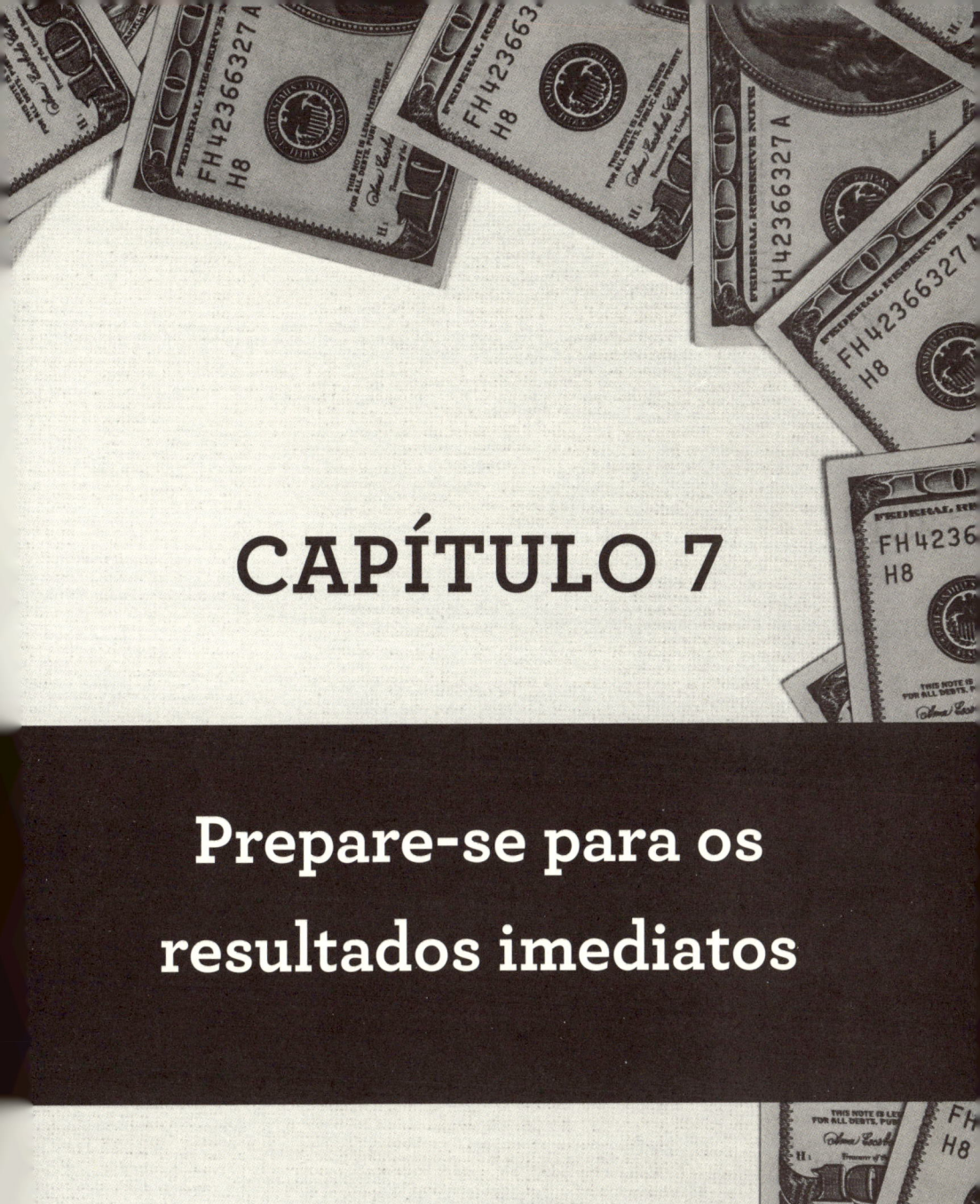

Prepare-se para os resultados imediatos

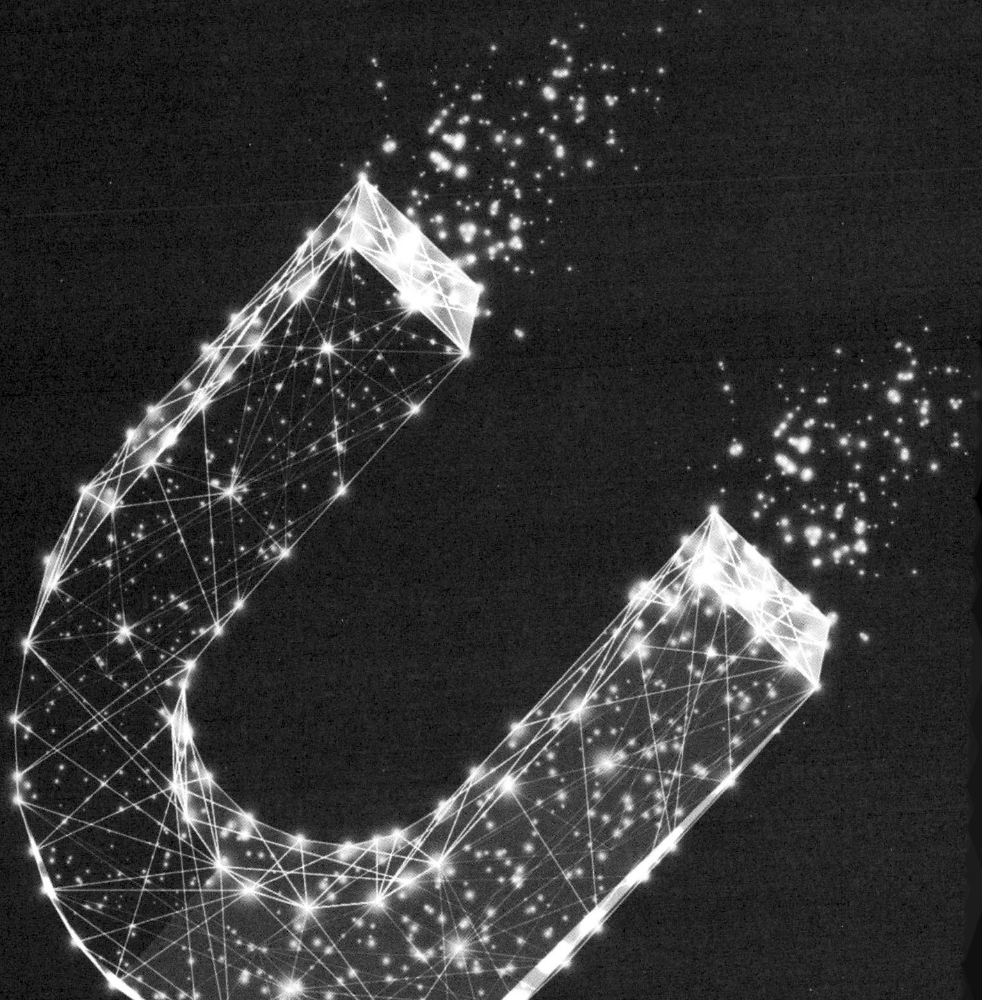

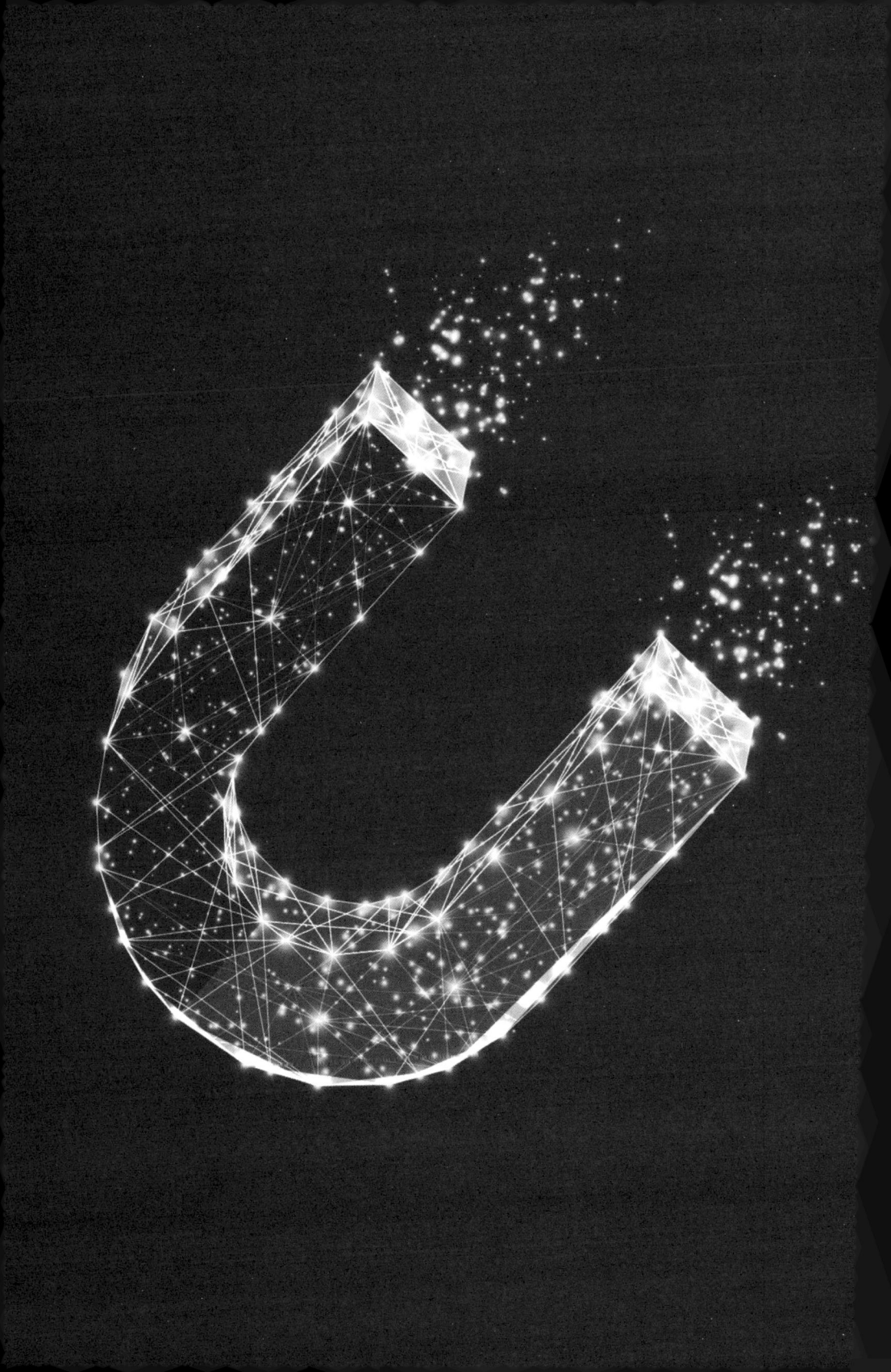

Muito bem, agora você conhece os Rituais Magnéticos mais poderosos e fáceis de usar. Você não tem motivo algum para não começar agora.

Vou ser direto: se você usar todos eles combinados e desenvolver o hábito de fazê-los diariamente, no período de 1 a 28 dias, com certeza matemática algumas das conquistas que vou citar a seguir vão ocorrer. Neste momento peço que você nos ajude a aumentar a nossa comunidade que celebra resultados enviando o seu relato de conquista para *suporte@luzdaserra.com.br*

Deixa eu te dizer o que você pode esperar como resultado das práticas magnéticas:

✓ Encontrar dinheiro esquecido numa gaveta, casaco ou em alguma caixa lá no fundo do armário;

✓ Alguém devolver um dinheiro que você nem se lembrava mais que existia;

✓ Receber pagamento de alguma dívida

✓ Ganhar presentes inesperados, de alguém que foi viajar e te trouxe uma lembrança, de um amigo que simplesmente te ofereceu algo incrível ou até mesmo de um vizinho que te deu comida, frutas, bombons ou uma garrafa da sua bebida preferida;

✓ Ganhar aumento, bônus, gorjeta, bonificação, dinheiro extra por um trabalho ou projeto realizado;

✓ Ganhar ingressos para cinema, shows, teatros ou algum evento;

✓ Achar dinheiro na rua;

✓ Receber convites para jantares, festas e ocasiões incomuns;

✓ Receber algum desconto muito acima da média em algo que foi comprar que fez você se sentir um felizardo tamanha a sorte da oportunidade encontrada;

✓ Ter muita sorte com vagas de estacionamento. Você estava chegando em algum lugar sem nenhuma vaga e bem na hora alguém decide sair e deixar um espaço livre bem na sua frente;

✓ Ter ideias para dinheiro extra ou para empreender, algo que vai gerar condições de fazer um bom dinheiro (muitas vezes uma ideia milionária);

✓ Ter alguma causa na justiça desbloqueada;

✓ Ser apresentado para novos amigos que estão mais avançados que você no caminho da prosperidade.

Essas são apenas algumas das situações que você vai ver acontecendo na sua vida nos próximos dias, no prazo de 1 a 28 dias, desde que você obviamente leia este livro com dedicação (talvez mais de uma vez) e aplique os Rituais Magnéticos imediatamente.

E aqui vai um aviso: não deixe para depois, porque esse conhecimento realmente vai aumentar a sua sorte para o dinheiro.

Porém, eu preciso te alertar para o fato de que tenho visto alguns de meus alunos cometerem um erro bobo, que é o de usar apenas alguns entre os Rituais Magnéticos.

Não é exagero, se você aplicar todos os rituais, você vai simplesmente atrair presentes nos próximos dias que parecerão estar caindo do céu.

Você vai ficar impressionado com tanta eficiência, então vai entender que poderá viver nesse nível de sorte para o dinheiro o resto da sua vida.

Então não dê bobeira mais nenhum minuto. Aplique agora os Rituais Magnéticos. Para ajudar você a se lembrar de todos eles, vou citar aqui novamente.

Rituais Magnéticos para aplicar imediatamente:

1. Carteira Mágica – Partes 1 e 2
2. Notas da Fartura
3. Água e Cristal Magnéticos
4. Café Magnético
5. Ativações Magnéticas
(3 tipos de afirmações)

FH4236632
H8
2366327 A
100
DRED DOLLARS

CAPÍTULO 8

Desafio:

Faça dinheiro e presentes caírem do céu para você nos próximos dias

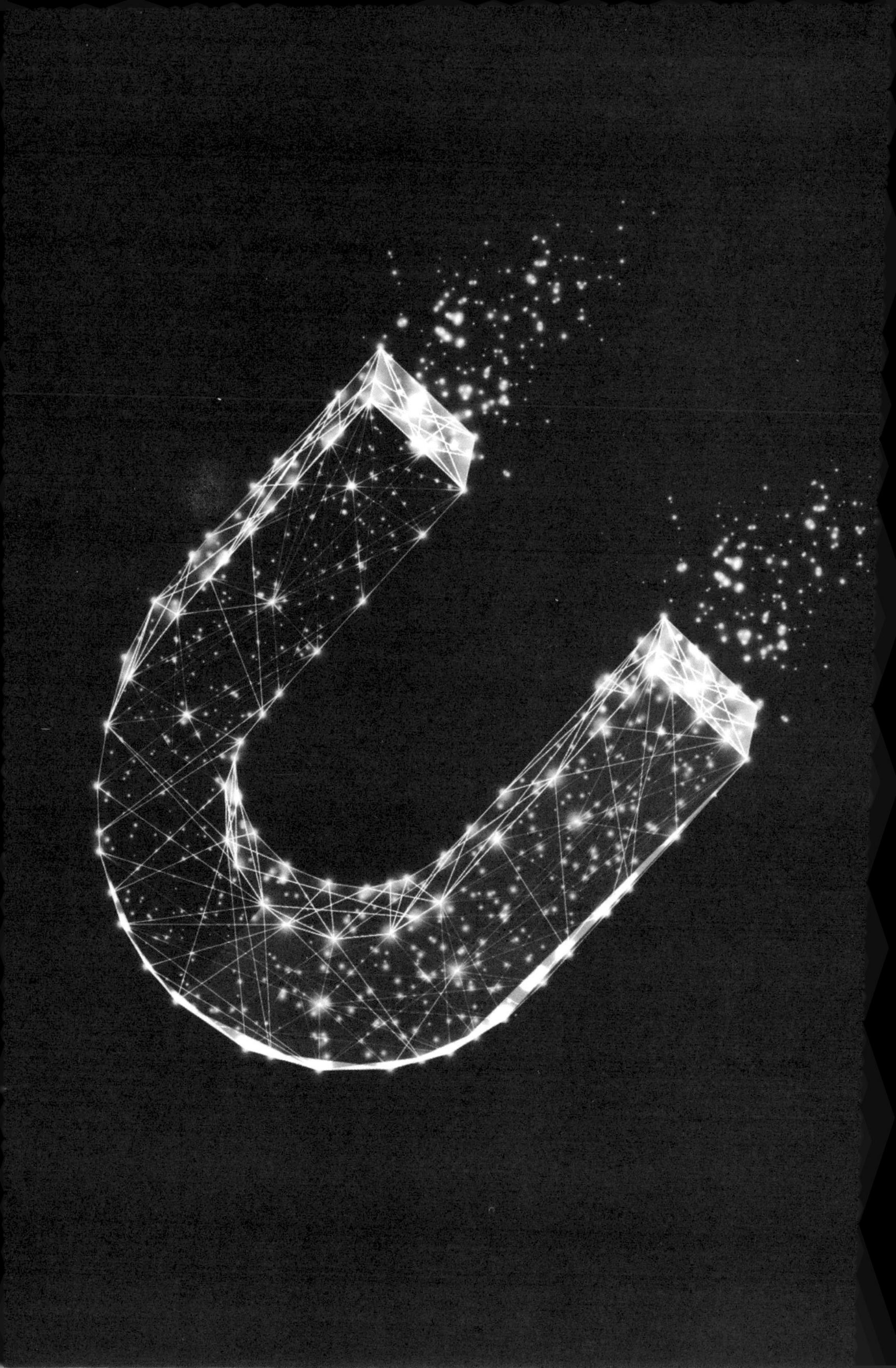

Uma das melhores dicas que eu posso te dar neste livro, sem sombras de dúvidas, é que você aplique os Rituais Magnéticos como um desafio.

Primeiro você estuda em detalhes todos as técnicas dos Rituais Magnéticos, então prepara tudo e começa imediatamente.

Segundo, assim como algumas pessoas fazem com relação a remédios que precisam tomar, programe o alarme do seu celular para te lembrar das tarefas do desafio.

Terceiro, pratique tudo com dedicação e energia positiva.

Quarto e último, todos os dias volte neste livro e leia a lista de conquistas que podem te acontecer. Isso é importante porque muitas vezes recebemos presentes do Universo mas não entendemos. A leitura da lista vai ajudar você a entender as formas como os presentes podem surgir na sua vida. Lembre-se, sempre que você tiver resultados, nos envie um e-mail no *suporte@luzdaserra.com.br* para que possamos celebrar os resultados que você teve. Entenda, celebrar é enviar ao Universo um sinal de que você está feliz, que é isso mesmo e que podem vir mais presentes.

"Para o seu *inconsciente* não existe ficção."

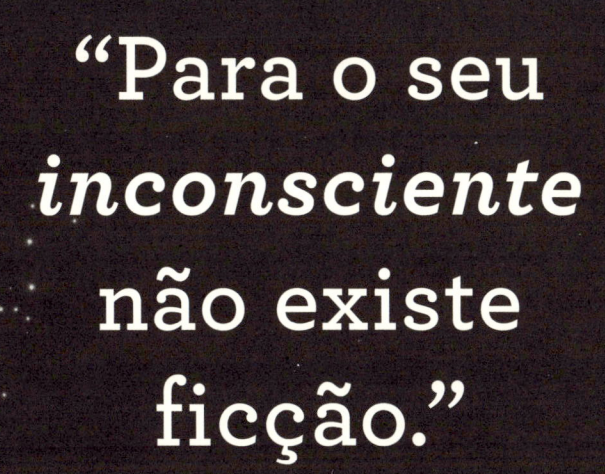

@brunojgimenes

Do livro "Como ser um ímã para o dinheiro"

FH42366
H8
FH4236632
H8
2366327 A
100
RED DOLLARS

CONCLUSÃO

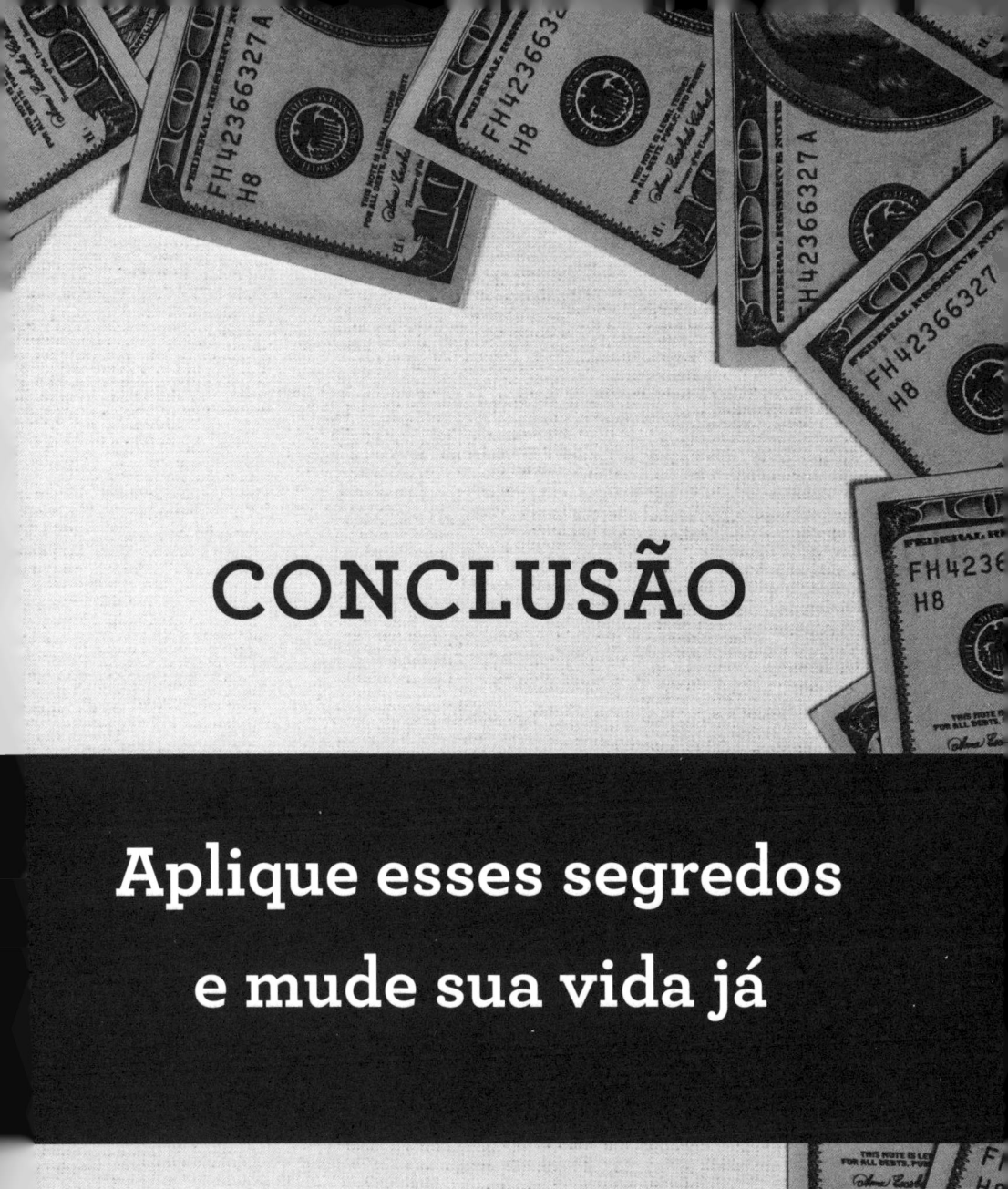

Aplique esses segredos e mude sua vida já

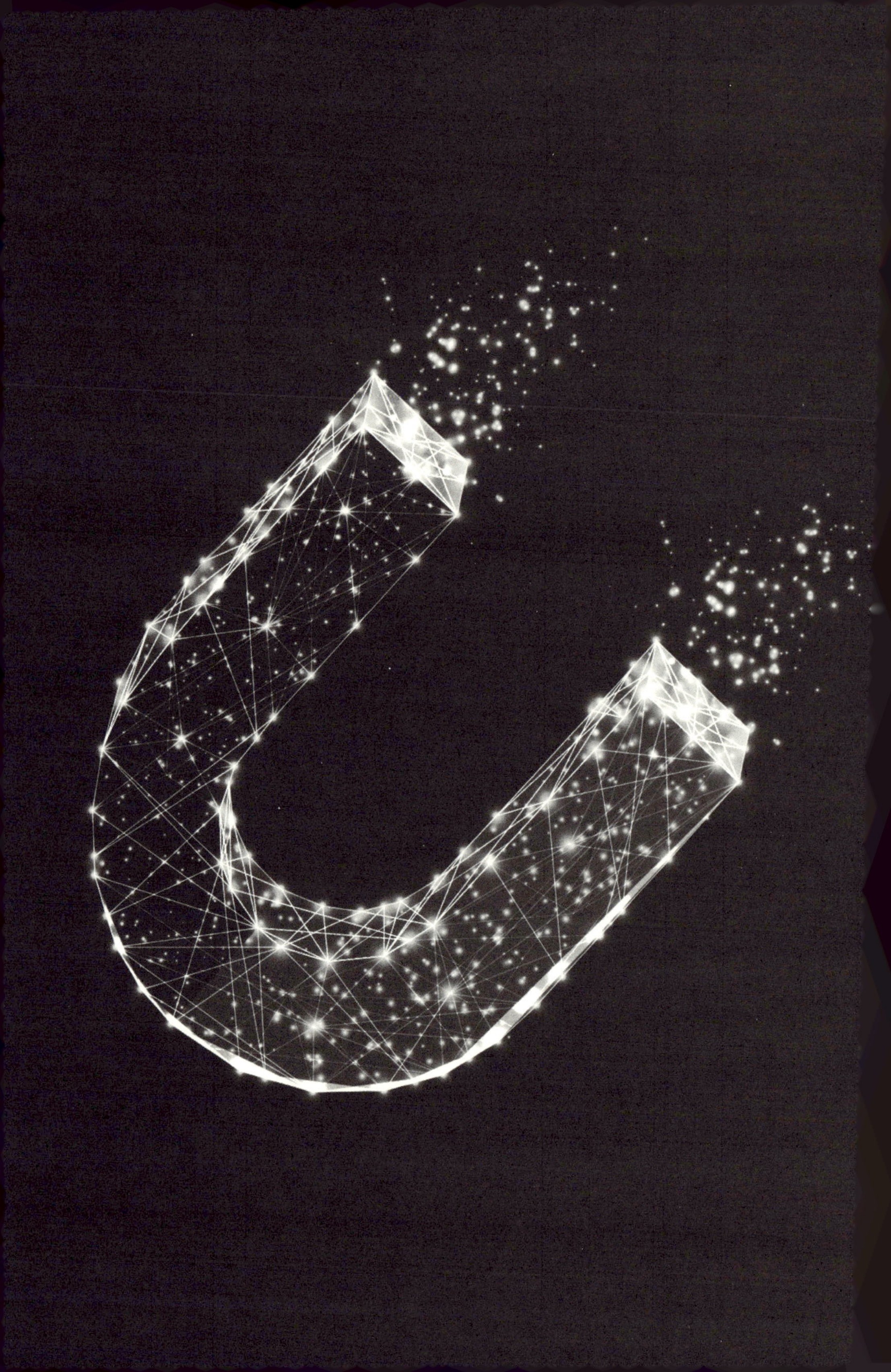

Tenho certeza de que você acabou de ter acesso a um conhecimento valioso. E nesse caso a palavra "valioso" pode ganhar um outro sentido além de ser apenas uma expressão.

Você está em posse de um conhecimento que vale milhares e milhares de "dinheiros", seja real, dólar, euro, ou qualquer moeda do mundo.

Sem contar o bem-estar mental e emocional que você sentirá durante a aplicação das técnicas. É incrível como a sua vibração pessoal vai aumentar e o quanto você se sentirá melhor, mais feliz e mais motivado.

Eu estou feliz demais porque finalmente consegui compartilhar isso com você em um livro, que tem um preço simbólico perto do retorno que você terá ao aplicar esses segredos.

Veja, é exatamente isso o que eu desejo, que você e muitas outras pessoas que você gosta possam ter acesso a algo que é quase mágico.

Eu quero te pedir que reflita com muita atenção porque você acabou de ter acesso a algo que realmente muda vidas na prática!

E por isso eu peço a sua ajuda. Seja um divulgador, conte as suas conquistas, veja as pessoas próximas a você entrando nesse desafio. Ao indicar este livro, quem está perto de você também pode se tornar um ímã para o dinheiro. Me ajude a levar este livro ao máximo de pessoas possível.

Você pode me ajudar indicando o meu Canal no YouTube. Para ver os vídeos que produzo lá com conteúdo exclusivo de prosperidade, acesse o QR Code ao lado com a câmera do seu celular.

Agora, se você quiser conhecer os outros livros que já publiquei sobre prosperidade e enriquecimento, acesse o QR Code ao lado.

É algo simples.

Acima de tudo, lembre-se da coisa mais importante que você deve fazer. Ela é tão importante que nós aqui no time Luz da Serra criamos o mantra "Brilha Prosperidade".

Estou falando de celebrar. Celebre desde as pequenas até as grandes conquistas.

Sempre que perceber algo legal chegando na sua vida, seja grato, expresse felicidade e diga "Brilha Prosperidade" com felicidade no coração.

É tudo uma questão de sintonia, de melhorar como ser humano, tornando-se cada vez mais grato e consciente da vida.

Eu sei que você pode e merece ser tudo o que nasceu para ser e não apenas o que está dando para ser.

Eu sei que você é um canal de Deus para expandir e melhorar o mundo.

Também sei que você pode usar esse poder em cada lugar que estiver. E que seja agora, já neste momento!

Que você possa expandir e melhorar o mundo e que você seja tudo o que nasceu para ser!

**Um grande beijo, muita luz
e Brilha Prosperidade!**

BRUNO GIMENES

"Você é um canal de Deus para expandir e melhorar o mundo".

@brunojgimenes

Do livro "Como ser um ímã para o dinheiro"

Sobre o autor
Bruno Gimenes

Um dos responsáveis pela expansão do desenvolvimento pessoal, e em especial da prosperidade no Brasil, **Bruno Gimenes** é personalidade referência nesta área, além de Diretor de Conteúdo e Cofundador do Grupo Luz da Serra.

Professor, palestrante com mais de 1.800 palestras realizadas, e autor de 20 livros (quatro deles já entraram diversas vezes no *ranking* dos mais vendidos da Revista Veja).

Bruno Gimenes é destaque nas redes sociais, produzindo vídeos para o *YouTube* no Canal Luz da Serra, que conta com mais de 1,5 milhão de seguidores, e no canal Bruno Gimenes, este com conteúdo exclusivo sobre prosperidade. Mais de 89.759 alunos já participaram de seus treinamentos *on-line*.

É criador da *Fitoenergética*, um sistema de cura natural, inédito no mundo, que tem como base a energia vibracional contida nas plantas, e também do *Aura Master*, técnica terapêutica de ação rápida que ativa poderes ocultos de autocura.

Transformação pessoal, crescimento contínuo, aprendizado com equilíbrio e consciência elevada.

Essas palavras fazem sentido para você?

Se você busca a sua evolução espiritual, acesse os nossos sites e redes sociais:

iniciados.com.br
luzdaserra.com.br
loja.luzdaserraeditora.com.br

luzdaserraonline
editoraluzdaserra

luzdaserraeditora

luzdaserra

Luz da Serra
EDITORA

Avenida 15 de Novembro, 785 – Centro
Nova Petrópolis / RS – CEP 95150-000
Fone: (54) 3281-4399 / (54) 99113-7657
E-mail: livros@luzdaserra.com.br